Das Buch

Das Buch "Meine Lieben" beinhaltet alle Briefe, die mein Großonkel Willi Layer an seinen älteren Bruder und dessen Frau, meine
Großeltern, und mitunter auch an seine Eltern während seiner
Dienstzeit in der Wehrmacht von September 1939 bis Dezember
1942 geschrieben hat.

Die Langeweile an der Westfront in den ersten Kriegsjahren, die
Hoffnung auf eine Teilnahme an den Eroberungsfeldzügen und die
Schilderungen von Verwundungen sowie der feste Glaube an den
Sieg über die Sowjetunion werden ohne Pathos dargestellt. Die
über 80 Briefe und Postkarten in den 3 Jahren und 3 Monaten
lassen Einblicke in die wehrdienstliche und persönliche Lage
meines Großonkels Willi Layer zu. Das damalige unmittelbare
Niederschreiben der persönlichen Eindrücke und der welt-
politischen Situation durch einen Zeitzeugen, der nicht über das
heutige historische Wissen über den II. Weltkrieg verfügt, kann
auch dazu führen, dass eine in heutiger Zeit gebildete Meinung
über den deutschen Soldaten der Wehrmacht korrigiert oder
ergänzt werden kann. Eigene Fotos aus dem Fotoalbum meines
Großonkels ergänzen seine Schilderungen.

Ullrich Hascher im Mai 2016

Willi Layer
Ullrich Hascher (Hrsg.)

Meine Lieben!

Die Briefe meines Großonkels an meinen
Opa und seine Familie während seiner
Dienstzeit vom September 1939 bis
Dezember 1942 in der Wehrmacht.

Information der Deutschen Nationalbibliothek:
Die Deutsche Nationalbibliothek verzeichnet diese Publikation in
der Deutschen Nationalbibliografie; detaillierte bibliografische
Daten sind im Internet über http://dnb.dnb.de abrufbar.

Fotos: Aus dem Album von Willi Layer bzw. von Ullrich Hascher
Titelgestaltung: Ullrich Hascher

Herstellung und Verlag: BoD – Books on Demand, Norderstedt
2. Auflage

ISBN: 978-3-7460-1811-9

Inhalt

Rückseite: Unser lieber Willi

Vorwort

Das Bild von Onkel Willi hing immer an der Wand über dem Ölofen im Wohnzimmer meiner Oma und meines Opas. Gleich rechts neben der Tür, wenn man das Zimmer betrat. Es war ein Porträt in Uniform, in Schwarz-Weiß. „Das ist der Bruder vom Opa und der ist im Krieg gefallen." Mehr wusste ich nicht von ihm.

Als die Wohnung meiner Großeltern 1991 aufgelöst und ausgeräumt wurde, nachdem mein Opa gestorben war, meine Oma starb einige Jahre zuvor, war ich auch mit dabei. Da mich mit meinen 20 Jahren weder Küchenutensilien noch Bettwäsche interessierten, sondern nur die Bücher, hielt ich mich vornehmlich im Büro meines Opas auf und guckte den Buchbestand durch. Im Büro fiel mir dann eine lederne Dokumentenmappe in die Hände, in der sich unter anderem handgeschriebene Briefe befanden. Die Mappe nahm ich mit. Sie deponierte ich jahrelang in einer Bettschublade unter meinem Bett, zog sie manches Mal hervor und schaute sie durch. Die Schrift war deutsch, ich konnte so gut wie nichts lesen. Während der nächsten 20 Jahre zog die Mappe mit mir um, bis ich mir 2008/2009 die Mappe nahm und die Briefe sortierte. Nach Datum. Das war ja einfach. Dabei wurde mir erst richtig bewusst, dass es sich um Feldpostbriefe von Willi Layer, dem Bruder meines Opas aus dem II. Weltkrieg handelte. Ich entschloss mich rasch, die Schrift zu lernen, belegte einen der wenigen, überhaupt noch stattfindenden Kurse an einer Volkshochschule, und begann dann ab ca. dem Jahr 2011 mit der Übersetzung der Briefe. Das Lesen der Briefe, die Entzifferung einzelner Wörter, war für mich eine so ungewöhnlich aufregende, aber auch befriedigende Erfahrung, wie ich es nur selten erlebt habe. Ich erfuhr Details aus dem Leben meiner Verwandten von vor 70 Jahren und kam mir dabei wie ein Archäologe vor. Daher übersetzte ich maximal einen Brief an einem Tag, um diesen Genuss möglichst lange hinaus zu zögern. Vor allem beruflich bedingte Unterbrechungen, andere Verpflichtungen und Beschäftigungen sorgten dafür, dass ich für alle Briefe insgesamt 5 Jahre brauchte.

Neben der Übersetzung recherchierte ich und konnte so einige Aussagen zum besseren Verständnis mit Fußnoten und damit weiteren Informationen versehen. 2013 reifte der Entschluss, die Briefe als Buch herauszugeben. Aus verschiedenen Gründen halte ich das für gerechtfertigt. Neben der Vollständigkeit der Briefe halte ich es für bedeutend, dass er die Briefe vor allem an die Familie seines älteren Bruders, also meines Opas, geschrieben hat. Sie sind daher sehr sachlich und beschreibend und wenig emotional - d.h., auch für Außenstehende interessant. Zudem hat er während seiner Zeit als Soldat bei der Wehrmacht ein Fotoalbum "Meine Dienstzeit" angefangen. Zu verschiedenen Abschnitten seiner Dienstzeit sind Bilder vorhanden, von denen ich einige ausgewählt habe

habe. Seine Bemerkungen auf der Rückseite der Bilder habe ich bei jedem Bild erwähnt sofern diese beschriftet waren. Die Namen wurden gekürzt.

Die in der deutschen Schreibschrift geschriebenen Briefe habe ich in die lateinische Schrift übersetzt und mit Anmerkungen versehen. Um die Originaltexte nicht zu verändern, wurden nur grobe Grammatik- oder Rechtschreibfehler korrigiert bzw. vergessene Buchstaben ergänzt und mit einem hochgestellten „k" versehen. Fehlende Buchstaben aufgrund von Materialverlusten wurden mit eckigen Klammern ergänzt.

Um einen Schlusspunkt setzen zu können, wollte ich ein Foto des Grabes von Willi Layer im Buch haben. Sein Grab ist in Jelabuga, einer Industriestadt in Tatarstan, ca. 1.000 km östlich von Kasan, der Hauptstadt der Republik Tatarstan. Über das Internet nahm ich zu einer Russin Kontakt auf, die in Jelabuga studiert hatte. Sie übermittelte mir die Kontaktdaten einer Tatarin aus Jelabuga. Sie bat ich, mir Fotos vom Grab oder dem Grabstein meines Großonkels zu machen und mir zuzusenden. Ihr Vorschlag, den Boden, in dem Willi Layer lag, selbst zu betreten, wurde nach längeren Überlegungen in die Tat umgesetzt.

Am 20.08.2014 stand ich am Grab von Willi Layer auf dem Friedhof in Jelabuga, legte dort Blumen nieder und nahm drei Kiefernzapfen mit.

Willi Layer in Uniform

Die Briefe von Willi Layer

den 28. Sept. 1939.

Meine Lieben!

Ihr werdet wohl von Villingen erfahren haben, daß ich seit 26. Aug. eingezogen bin. Nachdem ich nun gerade einen Brief nach Hause geschrieben habe, möchte ich Euch auch einmal ein Lebenszeichen von mir geben. Ich teile Euch mit, daß es mir noch gut geht, außer einer starken Erkältung, die ich mir in den Bunkern zugezogen habe. Es ist aber jetzt wieder bedeutend besser und meinen Dienst habe ich trotzdem immer geleistet. Ich war vom 10. - 26. Sept. bei einer aktiven Truppe zur Ausbildung in den Bunkern direkt am Rhein. Gegenüber waren französische Bunker. Es herrschte zwischen uns und den Franzosen das freundschaftlichste Verhältnis. An den Krieg dachte man gar nicht[1]. Einmal sandten die Franzosen allerdings 3 Artilleriegrüße über unseren Bunker, aber dann herrschte wieder Ruhe. Mir gefiel es ganz gut in vorderster Linie und bin nur ungern wieder zurückgegangen, abgesehen natürlich von den Daunenbetten und der unregelmäßigen Verpflegung. Einen Orden habe ich natürlich auch nicht erhalten, denn diese sind schon im Osten ausgegangen, aber 2 Westwallfingerringe trage ich, um die mich meine ganze Batterie beneidet. Ich wäre froh, wenn nur einmal eine Änderung käme, denn diesen komischen

Krieg habe ich anfangs satt. Man hat Krieg und doch nicht. Im Westen wird bis jetzt ja nur Theater gespielt. So wie ich den Westwall beurteile, ist es vollkommen ausgeschlossen, daß der Franzose etwas ausrichten kann. Darum auch seine große „Aktivität". Aber wenn sie nicht anders werden und der Engländer auch nicht seine Haltung ändert, dann werden diese beiden doch auch einen auf die Birne bekommen. Nun genug von diesem Thema. Wie geht es denn Euch und den lieben Kindern. Ist Gretel bei Euch wieder gut angekommen? Hoffentlich seid Ihr noch alle gesund und munter und die Bezugscheine werden wieder einmal abgeschafft.

Ich will nun schließen, da ich heute Abend als UvD die Wirtschaftskontrolle von unserem Quartierort Flehingen und einem Nachbarort durchführen muß.

Es grüßt Euch herzlich

Euer Bruder, Schwager u. Onkel
Willi.

Meine Lieben!

Ich danke Euch recht herzlich für Euer Paket. Die Sachen haben sehr gut geschmeckt und die Zeitungen konnten wir auch zur Unterhaltung gut verwenden, denn ich bin jetzt nicht mehr in Flehingen, sondern wieder in den Bunkern zwischen Rastatt und Karlsruhe. Wir sind nun wieder so ziemlich von der Außenwelt abgeschnitten und erhalten lediglich das Armee-Nachrichtenblatt. Da wartet man jetzt wieder auf Post und wenn es nur kleine Briefchen sind. Man freut sich, wenn man von den Angehörigen, Verwandten und Bekannten hört. In letzter Zeit hatten wir sehr naßkaltes Wetter und gerade bei unseren Nachtmärschen an die Front, da überkommt es einem oft ganz schwermütig, aber die Hoffnung an eine glückliche Zeit und das Vertrauen auf den Führer stärkt einen immer wieder. Es ist für unsere Leute eine gewaltige Nervenprobe, wenn man 7 Wochen[k] umhergeschmissen wird und immer auf der Pfanne sitzt und nicht weiß, wann es los geht. Jedenfalls dauert dies nicht mehr allzu lange, nachdem sich Daladier[2] und Chamberlain[3] ausgesprochen haben. Die Stimmung bei uns ist sonst ganz gut und die Verpflegung für unsere Verhältnisse ausgezeichnet. Jeder hat natürlich den Wunsch, recht bald wieder in die Heimat zurückkehren zu dürfen. Das Paket habe ich gerade noch am Montag Vormittag vor unserer

Abreise erhalten. Ich habe es auf den Packwagen gelegt und als wir hier ankamen herausgenommen. In Flehingen hatte ich keine Zeit mehr. Von meinem Chef habe ich auch einen Brief und eine Schachtel Zigaretten erhalten. In Villingen scheint soweit alles in Ordnung zu sein, wie er mir geschrieben hat und die Hauptarbeit auf dem Rathaus bereitet scheinbar die Bezugscheinsache. Die anderen Arbeiten sind so ziemlich eingerostet, den Brief habe ich in aller Eile geschrieben, daher die schlechte Schrift. Bei uns eilt z. Zt. noch alles. Nun will ich schließen. Ich hoffe, daß Ihr alle gesund und munter seid und grüße Euch herzlichst

   Euer
    Willi.

Im Bunker

Willi Layer rechts oben

den 16. November 1939.

Meine Lieben!

Herzl. Dank für euer lb. Päckchen und den Brief mit den Glückwünschen und den Grüßen von Heinz. Über die Zeilen von dem lb. Heinz habe ich mich ganz besonders gefreut. Ich war letzte Woche in Villingen von Dienstag bis Samstag. Als ich vom Urlaub zurückkam war die Batterie nicht mehr da und ich mußte 2 Tage unterwegs sein bis ich wieder zu meiner Truppe kam. Wir sind nicht mehr in den Bunkern und wir sollen alsbald weit weg kommen, wohin weiß ich nicht. Zeitungen braucht Ihr mir daher vorläufig keine mehr zu schicken. Wenn ich solche wieder wünsche, werde ich Euch wieder schreiben. Für die bisherigen Sendungen ebenfalls meinen herzl. Dank. Sonst geht es mir gut und bin gesund und munter. Es freut mich, daß es^k ~~ich~~^k Euch allen ebenfalls auch gut geht. Nun muß ich schließen, denn ich muß zum Appell.

Mit den besten Wünschen und herzl. Grüßen verbleibe ich

Euer

Willi.

den 27. Nov. 1939.

Meine Lieben!

Ich danke Euch herzlichst für den großen Brief von Ludwig. Es freut mich besonders, daß Ihr Alle gesund und munter seid. Auch mir geht es gesundheitlich gut, nur eine Sorge habe ich z. Zt. und zwar in der Liebe. Wie Ihr wißt, ist die Irmgard katholisch und die Eltern verlangen katholische Trauung, was für mich keinesfalls in Frage kommt. Ich möchte nun das Verhältnis mit der Irmgard lösen, ihr aber hierbei so wenig wie möglich weh tun, denn ich habe in der Zwischenzeit ein Mädel in Flehingen kennengelernt aus einer evangelischen Familie. Es ist die Tochter eines Inspektors der Erziehungsanstalt in Flehingen. Ich bin schon öfters von den Eltern eingeladen gewesen. Das Mädel arbeitet z. Zt. auf dem Postamt in Flehingen, ist aber gelernte Damenschneiderin und auch eine tüchtige Köchin. Vielleicht habt Ihr Gelegenheit Sie am nächsten Samstag und Sonntag kennen zu lernen. Wenn ich Sonntagsurlaub erhalte, werde ich Euch nämlich am kommenden Samstag und Sonntag besuchen. Der Zug trifft etwa um 16 $\frac{00}{}$ Uhr dort ein. Das Mädel - Erna - hat auch eine Tante in Stuttgart, welche sie besuchen möchte. Mir ist es aber lieber, wenn wir beide bei Euch Gast sein können. Ein Bett für die 1 Nacht werden wir schon irgendwo finden. Am Samstag Abend habe ich mir vorgenommen, daß wir zusammen ausgehen und zwar

17

irgendwo hin, wo etwas geboten ist, denn ich will wieder einmal Kultur genießen. Ihr habt ja nun Zeit bis zum Samstag zur Besinnung, wo wir am besten hingehen. An den Bahnhof braucht niemand zu kommen, denn es ist ja auch unbestimmt mit dem Urlaub; wenn wir bis abends 18 Uhr nicht bei Euch sind, dann könnt Ihr annehmen, daß wir nicht kommen. Ich danke Euch herzlichst dafür, daß Ihr mir wollene Sachen schicken wollt, aber ich muß Euch leider einen „Korb" geben, denn wir sind in dieser Beziehung gut versorgt. Ich habe einen warmen Pullover, Kopfschützer, 2 Paar wollene Handschuhe und auch meinen eigenen ärmellosen Pullover. Auch die Verpflegung ist gut. Z. Zt. sind wir ja in Privatquartieren, sodaß der „Krieg" sowieso zum Aushalten ist.

Die Wäsche hatte ich hier in der Waschanstalt, bis jetzt habe ich auch keine Wäsche heimgeschickt, nur im Urlaub hatte ich einige Sachen mitgenommen. Wenn wir wieder evtl. in die Bunker kommen, werde ich gerne von Euerem lieben Anerbieten Gebrauch machen, sofern es nicht auf dienstlichem Wege geregelt wird, da wir ja im Winter nicht selbst waschen können. Wie lange wir noch hier sind, ist bis jetzt auch unbekannt. Jedenfalls werden wir das Glück haben, daß wir über die Weihnachtszeit wieder an die Front kommen.

Ich will nun schließen und grüße Euch alle herzlichst.

Heil Hitler!

Euer

Willi.

Auf ein frohes Weihnachten!

den 28. Dezember 1939.

Meine Lieben!

Ich will endlich auch wieder einmal von mir hören lassen. Wie Euch ja die Villinger geschrieben haben, war ich über Weihnachten zu Hause, nachdem ich ursprünglich für den Neujahrsurlaub vorgesehen war. Ich wollte anfangs garnicht nach Villingen fahren und wäre um ein Haar zu Euch gekommen; denn, da ich das Verhältnis mit der Irmgard gelöst habe, scheute ich mich etwas vor Villingen. Es war nun aber doch gut, daß ich nach Villingen bin; wir haben uns nochmals ausgesprochen und sind in Freundschaft auseinander gegangen. Das Verhältnis mit der Erna macht gute Fortschritte und sie wollte sich schon mit mir verloben, ich aber will doch noch etwas warten. Dies hat ja noch Zeit, denn solange Krieg ist, will ich nicht heiraten und nachher will ich voraussichtlich erst auch meine Prüfungen ablegen, woran ich bis jetzt vor lauter Militär gehindert war. Nun wird man immer älter und kommt nicht vorwärts durch diesen verdammten Krieg. Wir sind immer noch hier auf der Ruhestellung, aber voraussichtlich nicht mehr allzu lange. Neujahr werde ich bei meiner Erna feiern, ich freue mich schon darauf; hierauf werden wir aber bald abziehen nach bis jetzt noch unbekannten Orten. Nun kann ich Euch auch mitteilen, daß ich als einziger unserer Batterie zum Offiziersanwärter vorgeschlagen wurde. Ich muß im Februar und März einen 2 monatigen Lehrgang im Jüterbog besuchen und wenn ich die Prüfung hierauf bestehe, werde ich bald Offizier, d. h. Leutnant, werden. Ob mir der große Wurf gelingen wird, ist zwar noch fraglich und ich werde mir alle Mühe geben, daß ich gut abschneide und ich freue mich sehr darauf, sodaß es hoffentlich gelingen wird, denn was unsere Offiziere können, kann ich auch schon lange. Als mir dies Weihnachtsgeschenk gestern eröffnet war, wie ich mich vom Urlaub zurück meldete, konnte ich mich vor Freude kaum fassen und konnte fast die ganze Nacht nicht schlafen, obwohl ich ein fabelhaftes Bett habe. Also haltet für mich die Daumen.

Nun möchte ich mich noch recht herzlich bedanken für Euer lb. Weihnachtspaket, das Ihr mir bei meinem letzten Brief mitgegeben habt und nicht zuletzt für Eure große und liebevolle Gastfreundlichkeit anläßlich unseres Besuches und für Eure Aufwendungen, Theater, pp.), wonach ich ganz vergessen hatte, zu fragen, was dies alles kostete. Hoffentlich kommt aber bald der Tag, wo ich dies alles wieder gut machen kann und mich erkenntlich zeigen kann.

Bei Euch ist ja scheinbar das Christkindchen auch recht gut ausgefallen, was mich sehr gefreut hat. Die Kinder werden jedenfalls wieder arg getobt haben.

Im übrigen geht es mir noch gut und bin gefräßig und gesund und auch jetzt in der Liebe wieder glücklicher.

Ich hoffe, daß Ihr ebenfalls alle wohlauf seid und grüße Euch herzlichst und wünsche Euch ein recht gutes

Neues Jahr.

Euer
     Willi.

Erna

Im Schnee mit Erna und einem
anderen Pärchen

den 29. Januar 1940.

Meine Lieben!

Ich will auch wieder einmal etwas von mir hören lassen, nachdem seit meinem letzten Brief nun doch schon einige Wochen verstrichen sind. Nicht allzulange waren wir im Vorfeld zwischen Saarbrücken und Zweibrücken, dann seit 26. d. Mts. befinden wir uns wieder auf dem Rückmarsch in ein Quartier. Z. Zt. sind wir in der Gegend von Landstuhl in der Pfalz. Voraussichtlich kommen wir am 4. Febr. in unser endgültiges Quartier nach Hedesheim bei Mannheim. Wir haben auch einen 3 tägigen Landmarsch vor uns, wobei wir durch Kaiserslautern - Neustadt - Türkheim - Ludwigshafen - Mannheim kommen. Von unserem Quartier aus kann ich dann ja einmal unsere Verwandten in M'heim besuchen und auch Erna wird mich einmal besuchen können oder ich gehe nach Heidelberg, falls sie bis dahin noch dort ist. Gerne wäre ich noch in der Stellung geblieben, denn es hat mir dort gut gefallen. Es wurde wenigstens etwas Krieg gespielt und ich erhielt dort meine Feuertaufe. Ich war als vorgeschobener Beobachter in vorderster Linie bei der Infanterie. Vor mir war nur noch der Drahtverhau und ein Stück „Niemandsland" und dann kam der Feind. Ich saß dort in einem Erdloch, überdeckt von einigen Lagen Baumstämmen. Nach 24 Stunden wurde ich jeweils abgelöst. Kalte Füße gab es ja freilich immer, aber sonst war es doch interessant. Wie lange wir nun wieder in Ruhestellung bleiben werden, weiß man heute noch nicht. Vielleicht werde ich auch bald zu dem Lehrgang einberufen.

Sonst geht es mir gut und bin gesund und munter, was ich auch von Euch hoffe und wünsche, daß Euch dieser Brief in gesundem Zustand erreicht.

Es grüßt Euch Alle recht herzlich

Euer

Willi.

Zerstörtes Gebäude

Zerstörtes Gebäude

Rast beim Dürkheimer Riesenfass

den 9. Februar 1940.

Meine Lieben!

Euer liebes Päckchen habe ich vorgestern erhalten.
Ich danke Euch herzlichst hierfür. Der Likör schmeckt
wunderbar und die Lebkuchen habe ich bereits schon
gegessen. Ich teile Euch mit, daß wir überraschend aus
unserer Stellung herausgezogen wurden und ich mich
seit letzten Sonntag in Großsachsen an der Bergstraße
im Quartier befinde. Den Weg haben wir von der
Stellung bis hierher in 4 Tagen auf der Straße
zurückgelegt. Fast die ganze Route wurde gelaufen,
denn das Reiten war bei dieser Kälte keine angenehme
Sache, aber trotzdem war der Marsch für mich ein
großes Erlebnis, denn er führte durch die Pfalz -
Dürkheim- über Ludwigshafen und Mannheim. Ich
habe ein herrliches Quartier bei reichen Bauersleuten.
Der Mann ist Leutnant in Polen. In Käfertal besuchte
ich bereits die Tante. Am letzten Montag Nachmittag
war ich in Heidelberg, aber leider war Erna an
demselben Tag bereits nach Hause gefahren, sodaß ich
sie nicht mehr erwischen konnte. Am kommenden
Sonntag fahre ich in Sonntagsurlaub nach Flehingen.
Der Schnee wird Euch große Freude bereitet
haben, das glaube ich, da konntet Ihr Euch so richtig
die Zeit vertreiben. Für uns war der Schnee nicht
gerade besonders willkommen, denn er brachte auch
eine große Kälte mit sich. Aber nun sind wir ja in einer
milden Gegend untergebracht und der Schnee ist

schon beinahe verschwunden. Ich danke herzlichst für den Likör, z. Zt. kann ich ihn aber ganz gut vermissen und ich bitte Euch, mir keinen mehr zu schicken solange wir hier im Quartier sind.

Ich habe immer Schnaps gehabt, denn wir erhielten von der Küche. Auch habe ich noch 4 Flaschen bei Erna zu Hause, welche ich nicht mitnehmen konnte, weil ich keinen Platz in meinen Packtaschen hatte. Ich hätte mir schon davon schicken lassen, wenn es nötig gewesen wäre.

Sonst geht es mir gut und fühle mich gesund.

Die Mandelbäume blühen an der Bergstraße noch nicht, aber hoffentlich recht bald.

Ich hoffe, daß Ihr noch Alle gesund und munter seid und grüße Euch herzlichst

Euer

Willi.

den 26. Februar 1940.

Meine Lieben!

Herzl. Dank für Euer lb. Päckchen. Ganz besonders
große Freude bereiteten mir die Bildchen mit den
Kindern, natürlich auch diejenigen von Euch. Es freut
mich, daß es Euch Allen noch gut geht.

Erna ist seit 3 Wochen wieder zu Hause und
versieht wieder den Postdienst. Vor 14 Tagen habe ich
sie besucht. Auch am nächsten Sonntag habe ich die
Absicht, nach Flehingen zu reisen. Es geht ihr wieder
soweit gut, nur muß sie im Sommer nochmals eine Kur
in Baden-Baden mitmachen. Die Angelegenheit
bereitet mir schon etwas Sorgen. Für Erna bitte ich
Euch noch Abzüge von den Bildern machen zu lassen.

Am letzten Sonntag war ich in Mannheim im Kino.
Ich hatte hierzu mein Quartierfrl. eingeladen. Die
Verwandten habe ich noch nicht alle besucht. Bis jetzt
war ich nur in Käfertal; die anderen will ich aber auch
noch besuchen.

Heute erhielt ich von der Mutter einen Brief. Oskar
mußte um 21. d. Mts. auch einrücken nach Olmütz
(Tschechei). Vater u. Mutter sind scheinbar sehr
erregt darüber, wie sie mir schreiben und haben Angst,
Ludwig müßte auch noch gehen.

Für Euere frdl. Einladung danke ich herzlichst. Ob
ich davon Gebrauch machen kann, sehe ich heute noch
nicht voraus. Auch danke ich für die Grüße an Erna.

Voraussichtlich werde ich sie am kommenden Sonntag besuchen.

Nochmals herzl. Dank für Euer nettes Päckchen und den Brief.

Es grüßt Euch herzlichst

Heil Hitler!

Euer

Willi.

15. März 1940.

Meine Lieben!

Herzl. Dank für Euer liebes Osterpäckchen und
Eure Grüße sowie die Einladung. Leider muß ich Euch
mitteilen, daß es mit dem Osterurlaub nichts werden
kann, denn die Stunden unseres Hierseins sind gezählt
und werden Ostern nicht mehr hier feiern. Am
Sonntag vor acht Tagen war ich auch bei Erna und am
letzten Mittwoch besuchte sie mich in Großsachsen,
denn sie fährt heute auf 4 Wochen nach Bad
Aibling/Bayern in Kur. Sie muß wegen ihrem Bein
noch eine Nachkur mitmachen zur vollständigen
Ausheilung. Schmerzen hat sie keine mehr und kann
wieder gut marschieren. Es war eine
Nervenentzündung am rechten Unterschenkel. Ich
habe mir hierüber natürlich schon große Sorgen
gemacht, falls sich später diese Krankheit wiederholen
könnte. Erna ist aber ehrlich und sie sagt selber, wenn
die Ärzte die Krankheit dahin begutachten würden,
daß eine vollständige Ausheilung nicht möglich wäre
und mit einer Wiedereinstellung der Krankheit
gerechnet werden müßte, sie lieber ledig bleiben wolle,
da sie ja nicht auf einen Heirat angewiesen sei und ihre
Lebensstellung habe. Hoffentlich wendet sich die
Sache aber zum Guten, dann wenn alles klappt, wollen
wir uns auf Pfingsten verloben, vorausgesetzt, daß ich
Urlaub erhalte. Erna wird auf der Rückreise in 4
Wochen über Villingen fahren, damit sie auch dort

einmal bekannt wird. Ich selbst habe sie hierzu bewogen. In nächster Zeit wird wohl der Postverkehr gesperrt werden. Ihr könnt mir aber trotzdem schreiben. Übrigens Erna hat die Bildchen erhalten und sich sehr darüber gefreut. Sie wird Euch demnächst schreiben. Fröhliche Ostern und herzl. Grüße

Euer

Willi.

den 23. März 1940.

Meine Lieben!

Ich teile Euch mit, daß wir seit vorgestern wieder im Vorfeld in Stellung sind. Wir sind in einer landschaftlich sehr schönen und romantischen Gegend mit hohen Bergen, Felsen und Burgen. Obwohl wir ziemlich nahe am Feind sind, ist es bis jetzt hier ziemlich ruhig und erst heute Nachmittag hörten wir in unserer Nähe die ersten feindlichen Einschläge, sonst wüßte man gar nicht, daß wir uns an der Front befinden. Vorerst bin ich ja noch in der Feuerstellung, wo es sowieso ruhig ist. Vorn ist es natürlich etwas anders. Von Erna habe ich aus Bad Aibling auch schon einen Brief und eine Karte erhalten. Es gefällt ihr gut dort. Auch von Oskar habe ich dieser Tage den ersten Brief erhalten.

Die schönen Tage an der Bergstraße sind nun leider vorbei. Am letzten Tag durfte ich noch das Konfirmationsfest des Quartiersohnes miterleben. In meinem Leben habe ich bis jetzt noch kein Fest mitgefeiert, das so groß aufgezogen war. Da merkte man wirklich nichts vom Krieg oder Not. Da war alles im Überfluß vorhanden. Von mittags 12 bis 1 h wurde gegessen und getrunken.

Den Osterhasen muß ich mir nun im Vorfeld suchen, es springen hier viele umher - natürlich vierbeinige - . Hoffentlich bleiben wir jetzt einmal längere Zeit in Stellung, denn dieses Umherziehen hängt mir so langsam zum Hals heraus.

Nun will ich schließen und werde Euch später wieder einmal mehr schreiben.

Herzliche Ostergrüße sendet Euch

Euer

Willi.

Meine Lieben!

Euch zur Nachricht, daß ich ab 3. d. Mts. zu unserer Ersatzabteilung zwecks Teilnahme am O. A.-Lehrgang versetzt bin. Ich werde also übermorgen meine alte Batterie verlassen, um mich nun wieder einem strengeren militärischen Leben zu widmen. Die letzten Tage verbrachte ich ziemlich langweilig, denn wir waren in einer sehr ruhigen Stellung.

Im übrigen geht es mir gut und bin gesund.

Schreibt mir bitte vorerst nicht mehr bis ich Euch meine neue Adresse mitteile.

Ich wünsche ich alles Gute.

Herzl. Grüße

Euer

Willi.

Olmütz, den 7. April 1940.

Meine Lieben!

Ich bin seit letzten Freitag nun hier in Olmütz bei unserer Ersatzabteilung. Heute Nachmittag hat mich bereits Oskar besucht, denn seine Kaserne liegt nur 5 Minuten von meiner entfernt. Ich habe nämlich von heute auf morgen Dienst und da darf der Kasernenbereich nicht verlassen werden. Gestern Abend wollte ich zu Oskar, damit wir zusammen ausgegangen wären, aber leider war er bereits weg in der Stadt. Bis Mai muß ich nun hier Ausbildedienst machen und dann soll die Einberufung nach Jüterbog erfolgen. Das Kasernenleben ist man nun doch nicht mehr so gewöhnt, denn an der Front ist das Soldatenleben noch viel freier. Ich bin froh, wenn ich von hier wieder weg komme, denn auch diese Tschechen gehen einem auf die Nerven. Kommt man in ein Lokal und meint man sei bei guten Deutschen, dann fangen diese auf einmal tschechisch an zu sprechen, nachdem sie zuvor deutsch sprachen. Sonst ist Olmütz eine herrliche Stadt mit schönen Baudenkmälern aus deutscher Geschichte und auch schönen Lokalen. Heute haben wir ein herrliches Sonntagswetter, mir weht ein kalter Wind. Mit meinem Urlaub und all den Plänen ist nun nichts geworden.

Das liebe Geld bringt man hier auch gut an. Ich muß nun eine Sendung von zu Hause kommen lassen, denn ich will mir einiges kaufen, was man im Altreich doch nicht mehr so gut erhält. Mit Schokolade, Kaffee usw. ist es auch nichts mehr. Man erhält wohl noch Kaffee ohne Marken, aber das Pfund kostet RM 8,- und die Schokolade ist gefüllt. Die Backwaren seien hier etwas billiger noch, aber mit der Zeit wird es damit auch schlechter werden.

Oskar hat sich sehr gefreut, daß ich nun auch hierher gekommen bin. Er ist ein strammer Soldat geworden und es gefällt ihm auch ganz gut beim Kommis. Er ist jetzt auch Rüstkanonier geworden. Bereits gestern mußte ich an einer Übung teilnehmen und bei einem Infanterieangriff einen Zug führen. Meine Stiefel waren voll Dreck und Speck.

In Wien hat mich die Staatsoper ganz entzückt. Es war wirklich ganz wunderbar. Es wurde die „Boheme" gegeben. Aber ein teures Pflaster ist Wien auch, da wird der Geldbeutel leer. Einen verwöhnten Geschmack haben die Wiener; diese Kuchen wirklich schmackhaft.

Meine Adresse lautet:

| Uffz. Layer, 4./1. Art. Ers. Abt. 215[4] |
| Olmütz, Postleitstelle Prag |

Sonst weiß ich vorerst nichts zu berichten, aber daß ich noch gesund und munter bin, besonders wenn ich aus der Kaserne heraus bin.

Herzl. Grüße sende Euch

Euer

Willi.

Rückseite: O. A. Lehrgang Olmütz v. 22.4.-21.5.1940

Rückseite: O. A. Lehrgang Olmütz v. 22.4.-21.5.1940

Olmütz, den 28. April 1940.

Meine Lieben!

Euer lb. Päckchen mit dem Brief vom 4. d. Mts. habe ich vorgestern nun endlich erhalten. Leider konnte ich das schöne Früchtebrot nicht mehr essen, denn es war total verschimmelt. So kann es bei den bei uns gegebenen Umständen gehen, wo man nie weiß, was in der nächsten Stunde ist. Oskar hat am letzten Freitag auch Abschied genommen nach unbekanntem Ziel. Vom 16.-21. d. Mts. war ich zu Hause. Leider mußte ich aber während dieser Zeit das Bett hüten. Meine Karte vom Stgt. werdet Ihr wohl erhalten haben.[5]

Z. Zt. muß ich nun hier an einem Vorlehrgang teilnehmen, welcher voraussichtlich bis Mitte Mai dauert. Also solange bin ich bestimmt noch hier. Hiernach sollen wir nach Jüterbog kommen zum Hauptlehrgang, der bis August dauern soll. Aller Voraussicht nach komme ich leider nicht mehr so schnell an die Front. An und für sich gefällt es mir ganz gut hier in Olmütz, denn wir essen im Offizierskasino, wo wir ganz groß bedient werden. Der Dienst geht auch, mir dauert er abends zu lange, nämlich bis 18 Uhr

Die Angelegenheit mit Erna ist ja nun durch diesen Lehrgang bzw. durch meine Versetzung hierher in einen ganz anderes Bild gekommen. Wegen des Beines bin ich immer noch etwas mißtrauisch. Ich werde nun zuwarten bis der Lehrgang beendet ist und was nachher kommt, ist ja heute auch nicht vorauszusehen.

Hier ist es nun auch wärmer geworden und es grünt die Natur, so daß der Frühling in einem wach wird. Mir geht es sonst wieder ganz gut, nur verspüre ich ab und zu Hals- und Ohrenschmerzen, was auf die hiesige Luft zurückzuführen sein wird[k].

Hoffentlich geht es euch Allen auch noch gut.

Es grüßt Euch herzlichst

Euer

Willi.

Olmütz, den 18. Mai 1940.

Meine Lieben!

Herzl. Dank für Euer lb. Pfingstpäckchen. Die
Brötchen waren ganz prima; in Tagen waren sie
gegessen. Von Erna habe ich auch einen guten
Pfingstkuchen erhalten, nur ist er erst nach Pfingsten
eingetroffen, aber trotzdem war er gut.
In der Zwischenzeit hat ja nun der Krieg ein anderes
Gesicht bekommen und man muß nur so staunen, in
welchem Tempo die erfolgreichen Angriffe vorwärts
getragen werden[6]. Die ganze Zeit war ich im Westen
und jetzt wo dort etwas geboten wäre, muß man so
sinnlos hier herumsitzen und sich mit alten art.
Begriffen abgeben, die einem schon als Rekrut
gepredigt wurden. Da hat man eine sonderliche
Stimmung, zumal unser hiesiger Lehrgang jetzt zu
Ende ist, da könnte man uns doch wieder an die Front
schicken. Jüterbog fällt nun aus und hierfür beginnt
anfangs Juni in Prag unser Hauptlehrgang. Am
kommenden Freitag wird unser Verein aufgelöst und
dann werden wir wieder den Ersatztruppen zwecks
Ausbildung von Rekruten zugeteilt bis wir nach Prag
kommen. Unsere Batterie hat jetzt 300 Rekruten
erhalten, alles ältere Jahrgänge (1900-1910), da könnt
Ihr Euch einen Begriff machen, welche Freude mir
dieser Ausbilderdienst bereiten wird, wo draußen die
Entscheidungsschlachten geschlagen werden. Bis der
Lehrgang in Prag beendet ist, wird wohl auch der

Krieg zu Ende sein und dann muß man sich vorwerfen,
wo hast du gestanden während den großen Schlachten.
Ich kann ja nichts dazu, daß ich hier sein muß, aber es
kostet eine gewisse Überwindung, denn wenn man
immer bereit gestanden ist, als nicht geschossen
werden durfte, so will eben jetzt mit dabei sein. Mein
Hptm. hat nur auch geschrieben, daß er sich freuen
würde, wenn ich wieder in seine Batterie zurückkehre.

Wegen Erna hat sich die Sache ja zwangsläufig
durch mein Hiersein eine Änderung erfahren. Ich habe
mir die Angelegenheit auch überlegt und bin nun zu
dem Entschluß gekommen, zu warten, bis der Krieg zu
Ende ist. Wegen des Beines habe ich ebenfalls
Bedenken, denn das Leiden könnte sich ja wieder
einstellen und eine Frau mit kranken Beinen, kann ich
keine brauchen. Das wird ja Erna dann auch einsehen.

Im übrigen geht es mir gut. Ich hoffe, das ihr noch
Alle gesund seid. Gerne würde ich Euch wieder einmal
besuchen. Eure Christel wird eine tapfere Kleine sein.
Ich kann es verstehen, lb. Schwägerin, daß du froh
bist, daß du es nun etwas leichter hast. Falls Ihr mir in
nächster Zeit etwas zu schreiben, dann bitte an die alte
Adresse: 4./ 1. Art. Ers. Abt. 215, Olmütz.

Ich wünsche Euch alles Gute und grüße Euch
herzlichst

Euer

Willi.

Feldpostbrief

Meine Lieben!

Zunächst nochmals herzl. Dank für die liebevolle Aufnahme von Erna und mir.

Ich bin gestern Nachmittag wieder gut hier angekommen. Während der des Aufenthaltes im Wien habe ich gebadet und anschließend Kaffee getrunken. Bei strömendem Regen haben wir hier den Bahnhof verlassen. Auch heute regnet es schon den ganzen Tag.

Ich teile Euch mit, daß ich nun nach Pilsen komme und zwar reise ich am 2.6. morgens hier ab. Am 3.6. beginnt endlich der Lehrgang.

Die neue Adresse werde ich Euch baldmöglichst schicken.

Nochmals herzl. Dank und seid herzlichst gegrüßt von

Eurem
Willi.

Ansichtskarte

Prag, 2.6.40.

Liebe Mutter!

Ich befinde mich auf der Fahrt nach Pilsen u. habe hier einen 3 stündigen Aufenthalt genommen. Es fällt mir ein, daß du nächste Woche Geburtstag hast, wozu ich dir meinen herzlichsten Glückwunsch übermittle.

Dein Willi.

Rückseite: Mit S. und S. am 2.6.40
vor der Prager Burg

Feldpostkarte

Pilsen, 3.6.40.

Meine Lieben!

Ich teile Euch mit, daß ich gestern Abend gut hier angekommen bin. Unsere Fahrt ging über Prag, wo wir einen 3 stündigen Aufenthalt hatten. Prag ist wirklich eine herrliche Stadt. Mit einem Taxi fuhr ich zum Hradschin hinauf, von wo man einen schönen Rundblick über die ganze Stadt hatte.

Pilsen ist eine dreckige Fabrikstadt und bietet keine besonderen Sehenswürdigkeiten. In Olmütz hat es mir tatsächlich besser gefallen. Aber wir sind ja schließlich auch für einen anderen Zweck hier und die Zeit geht vorüber.

Das nächste Mal wieder mehr.

Umstehend meine neue Adresse.

Es grüßt Euch herzlichst

Heil Hitler!
Euer Willi.

Pilsen, den 24. Juni 1940.

Meine Lieben!

Die beiden Pakete sowie den Brief vom 18. d. Mts. habe ich erhalten. Herzl. Dank. Ich war ganz überrascht, als ich auf einmal zwei Pakete erhielt und ich war wirklich neugierig, was nun eigentlich der Inhalt sein wird. Die Brötchen habe ich schon gegessen und von dem Kuchen nahm ich jeden Morgen 2 Stückchen mit zum Frühstück, denn wir erhalten morgens meistens nur Margarine oder Schweineschmalz oder Marmelade. Meine Koppel habe ich nun schon im engsten Loch, obwohl ich jeden Abend in einer Wirtschaft nochmals besonders esse. Es ist ja gut, daß man an Lebensmitteln hier noch so ziemlich alles erhält. Wenn Ihr etwas benötigt, so schreibt mir bitte, ich schicke es Euch gerne; z. B. Rosinen, Haselnüsse und auch Mandeln gibt es hier noch in Hülle und Fülle.
Nun ist ja der Krieg mit Frankreich zu Ende. Soeben hörte ich die Sondermeldung, daß die Höhe Donon[7] genommen sei und dabei 22000 Gefangene gemacht wurden, darunter 4 Generäle und 1000 Offiziere. Damit hat ja der Widerstand Frankreichs aufgehört. Die Franzosen müssen doch wenig Kampfgeist besessen haben, sonst könnten diese Erfolge doch garnicht möglich sein. Bei uns würde doch jeder bis zum Letzten kämpfen, ein kampfloses ergeben ist doch bei uns ausgeschlossen. Hoffentlich

geht es mit England auch so rasch, damit der Krieg bald sein glückliches Ende nimmt.

Göring soll sich ja vor den Offiziersanwärtern in Berlin geäußert haben: „In England soll kein „Scheißhaus" mehr stehen bleiben." Dies sagt genug.

Oskar hat mir auch seine Erlebnisse geschrieben. Ich gönne es ihm von Herzen, daß er in seinem jungen Soldatenleben den Einzug in Frankreich mitmachen durfte.

Ich bin auch dafür, daß wir nach dem Kriege uns einmal alle treffen und ausgiebig feiern. Schon heute freue ich mich auf den Tag.

Morgen erhalten wir hohen Besuch durch den Reichsprotektor und den Wehrmachtsbevollmächtigten für das Protektorat, General Friderici, sowie durch den Div. Kdr. General Müller-Gebhard. Wir haben eine Geländeübung und dabei werden wir besichtigt. Letzten Freitag hatten wir einen Bierabend. Als wir im Bett lagen, war Alarm und anschließend eine Nachtübung, wobei wir über 30 km laufen mußten.

Mit Erna weiß ich auch noch nicht so recht, was ich eigentlich tun soll, denn ich bin immer noch mißtrauisch wegen ihres Beines. Sie hat mir in Villingen gesagt, daß der Arzt in Bad Aibling ihr geraten habe, bis in 2 Jahren wieder eine Kur zu machen. Ich kann natürlich keine Frau brauchen, die jedes Jahr in Kur muß, denn das kann man sich ja nicht leisten.

Ich habe ihr letzte Woche einen unzweideutigen Brief geschrieben und um ein ärztl. Gutachten gebeten, denn ich möchte einmal genau Bescheid wissen, was los ist. Ich bin gespannt, welche Antwort ich erhalte.

Von Hanßmann Willi erhielt ich auch einen Brief. Er und Nümzer's Willi sind immer noch in Prag.

Ich wünsche Euch alles Gute und
  grüße Euch herzlichst
   Euer
    Willi.

Pilsen, den 13. Juli 1940.

Meine Lieben!

Herzl. Dank für Euere lb. Geburtstagswünsche und das Paket. Es freut mich ganz besonders, daß es Euch Allen gut geht und Ihr gesund seid.

Von Oskar habe ich auch seither nichts mehr erfahren. Nach Villingen hat er geschrieben, wie mir die Mutter mitgeteilt hat. Danach geht es ihm scheinbar ganz ausgezeichnet.

Wenn es geht, dann fährt er nach Villingen. Mutter und Vater haben doch Langeweile und 2 Betten stehen ja auch leer, sodaß es ja für die Eltern nicht viel Umstände bereitet. Im Kneippbad werdet Ihr jetzt noch Platz haben zur Erholung.

Eure Sachen habe ich auch schon eingekauft. Auch Bodenwachs und Kakao habe ich erhalten können. Ich besinne mich nur, ob ich Päckchen machen soll oder Euch die Sachen anläßlich des nächsten Urlaubes bringen soll. Ich befürchte nämlich, daß Ihr evtl. Zoll bezahlen müßt. Die Mutter hat auch einmal Zoll bezahlen müssen. Es werden aber scheinbar nur ab und zu Stichproben gemacht. Was könnt Ihr eigentlich noch brauchen? Wie steht es mit Gewürz oder Hautkreme? Schreibt mir bitte, ob ich Euch die Sachen schicken soll und was Ihr evtl. noch benötigt. Geld braucht Ihr mir keines zu schicken, denn Ihr habt ja auch schon viel getan, sodaß ich mich auch einmal werde revanchieren dürfen. Das Bodenwachs ist weiß; es gibt aber auch gelbes.

Wenn Ihr auch gelbes wollt, dann schreibt bitte. Brot- und Fleischmarken benötige ich keine. Wir erhalten alles ohne Marken.

Ich esse fast jeden Abend in einem Restaurant.

Von zu Hause erhielt ich zum Geburtstag auch einen Kuchen, etwas Speck und 1 Glas Honig und Stumpen. Erna schickte mir 2 Päckchen mit Kuchen, Zigarren, Zigaretten, Bonbon und Likör.

Den Geburtstag selbst verbrachte ich wie alle anderen Tage auch, nur daß ich mir abends etwas mehr Bier erlaubte.

Nun ist ja schon wieder eine Woche vorüber und der 10. August rückt immer näher. Nach dem 20. kommen wir eine Woche auf einen Schießplatz zum Scharfschießen. Auch Handgranatenwerfen, Pistolen-, Maschinengewehr- und Gewehrschießen ist damit verbunden.

Wo wir nach Beendigung des Lehrganges hinkommen, ist noch gänzlich unbekannt. Ich würde mich freuen, wenn ich mit nach England dürfte. Meine Batterie liegt z. Zt. bei Straßburg in den Vogesen. Vorletzten Sonntag hatten sie Feldgottesdienst im Straßburger Münster.

Mir selbst geht es im übrigen gut.

Das Lernen hat nun auch etwas nachgelassen, denn mit unseren Stoffen sind wir schon fertig.

Ich will nun schließen, denn ich will heute auch noch ausgehen.

Alles Gute wünschend grüßt Euch herzlichst
Euer
Willi.

Rückseite: Major H., Ltn. K., B., S., R.

Rückseite: 22.7.-1.8.40 Milowitz
Beim Scharfschießen auf der B.-Stelle

Rückseite: Moldau mit Karlsbrücke u. Hradschin 1.8.40

Rückseite: Mit P. am 1.8.40 auf der Prager Karlsbrücke

Meine Lieben!

Gestern habe ich 2 Päckchen an Euch abgeschickt. Hoffentlich kommen diese gut an und ohne Zoll. Damenstrümpfe habe ich auch noch erhalten können. Haselnüsse und das Bodenwachs werde ich auch per Post schicken, denn ich weiß heute noch nicht, ob ich über Stuttgart in Urlaub fahre und wie es überhaupt wird mit dem Urlaub. Am Montag ist der letzte Tag unseres Lehrganges und am Dienstag und Mittwoch fahren wir zu den Ersatzabteilungen. Ich komme also zunächst wieder nach Olmütz. In nächster Zeit beziehe ich aber Garnison in Heilbronn oder Rastatt. Ich weiß nun nicht, ob ich von Olmütz oder von Heilbronn aus in Urlaub gehe. Es ist eher anzunehmen, daß ich erst von Heilbronn aus in Urlaub fahre. In diesem Falle würde ich zuerst an der Bergstraße einen Besuch abstatten und dann von dort aus nach Villingen fahren. Das Mädel dort hat mich eingeladen und mit Erna habe ich in den letzen Tagen die Verbindung aufgegeben aus den bekannten Gründen. Sie tut mir ja wirklich leid, aber ich kann nicht gegen meine Überzeugung handeln.

Wie hat es Euch in Villingen gefallen? Hoffentlich gut. Ist Heinz und Kurt noch dort?

Ich werde Euch die neue Anschrift baldigst mitteilen.

Ich muß nun zum Nachtessen, also Schluß.

Seid herzl. gegrüßt
von Eurem
Willi.

Pilsen, den 14.8.40.

Meine Lieben!

Hurra!!! Ich bin Wachtmeister und Offiziersanwärter.
Heute Nachmittag wurden die Beförderungen
ausgesprochen. Leider wurden von den 150
Lehrgangsteilnehmern 47 abqualifiziert. Morgen reise
ich nach Olmütz und von dort noch Ende dieser
Woche nach Heilbronn, meinem zukünftigen
Garnisonsort. Die Herrlichkeit im Protektorat hat also
ein Ende. Aber auch Gott sei Dank! Denn die
Tschechen sind mir schon längst überdrüssig
geworden. Jedenfalls werde ich Mitte nächster Woche
in Urlaub fahren können. Ich habe die Absicht, zuerst
der Bergstraße einen Besuch abzustatten und dann
nach Villingen zu reisen. Hoffentlich habe ich in
meinem Urlaub schönes Wetter.
Meine neue Anschrift ab nächster Woche:
    „Wachtm. Layer, 4./l. Art. Ers. Abt. 215,
        Heilbronn a. N. Ludendorffkaserne"
In stolzer Freude grüßt Euch herzlichst
        Euer
            Willi.

Heilbronn, den 29.8.40.

Meine Lieben!

Ich habe mich in Heilbronn bereits schon gut eingelebt. Wir haben einen Heilbronner unter uns O. A.[8] Wachtmeistern, der uns die schönsten Plätzchen in Heilbronn gezeigt hat. Es ist wirklich ein schönes Städtchen und essen kann man in bestimmten Lokalen auch noch ohne Marken. Dienstlich wurde ich gleich aktiv eingesetzt. Bis einschl. kommenden Sonntag bin ich Offizier vom Wochendienst. Dabei habe ich bestimmte u. beliebige Kontrollen zu machen, bin aber im übrigen mein freier Mann und darf auch die Kaserne verlassen. Heute hatten wir Einsatzübung, wobei ich als Batterieoffizier fungierte. Zusammen mit 2 anderen O. A. Wachtm. habe ich ein schönes Zimmer in unserer herrlich gelegenen neuen Kaserne. Wie man so munkeln hört, sollen wir nicht lange hier beim Ersatzhaufen bleiben und wieder zu unseren Feldtruppenteilen zurückkommen. Offiziell ist aber noch nichts bekannt. Ich habe die Absicht am 14./15. Sept. zu Euch bezw. nach Stgt. in Sonntagsurlaub zu kommen, falls ich noch solange hier sein sollte – der Irmgard werde ich schreiben, ob sie auch kommen will. Endgültiges werde ich Euch dann noch rechtzeitig schreiben. Von Montag auf Dienstag[9] mußten wir hier auch bereits in den Keller, aber nur eine halbe Stunde.

Für heute grüßt Euch herzlichst Euer

Willi.

Heilbronn, den 8. Sept. 1940.

Meine Lieben!

Ich teile Euch mit, daß Irmgard und ich Euch über kommenden Samstag und Sonntag besuchen. Irmgard kommt mit dem Zug um 14 $\frac{15}{}$ am Bhf. an und ich eine Viertelstunde vorher. Wir fahren dann mit der Straßenbahn bis Kirchtalstraße, sodaß wir um 15 $\underline{h}$ etwa bei Euch eintreffen. Falls ein Theater oder sonst irgendwie eine schöne Veranstaltung am Samstag Abend ist, müßte ich Euch bitten, Eintrittskarten besorgen zu wollen. Evtl. können wir ja auch in ein Kino, falls „Die Geierwally"[10] noch gegeben wird. Ich möchte die Wahl aber Euch überlassen, Ihr wißt ja besser Bescheid. Wegen der vorverlegten Polizeistunde wird es auch etwas umständlich sein, weil die Veranstaltungen früher beginnen werden. Falls Euch die Schlaferei zuviel Umstände bereitet, dann übernachten wir auch gerne in einem Hotel. Ich würde Euch hierwegen niemals böse sein, denn mit den Kindern ist es ja nicht so einfach u. ich will nicht haben, daß Ihr selbst zu eng liegen müßt.
Wir haben hier z. Zt. ganz herrliches Wetter, gestern Mittag war ich baden u. jetzt gehe ich anschließend auch wieder. Heute Nacht hatten wie auch wieder Fliegeralarm wie fast jede Nacht. Ich war gerade unterwegs zur Kaserne. Ich hörte die Detonation einer große Bombe, die in Richtung Lauffen[11] geworfen worden sein müßte. Im übrigen geht es mir gut.

Herzl. Grüße & auf Wiedersehen!

Euer Willi.

den 29. Oktober 1940.

Meine Lieben!

Zunächst bitte ich Euch, entschuldigen zu wollen,
daß ich Euch in meinem letzten Urlaub nicht mehr
besuchte als ich in Heilbronn war. Das kam daher, daß
meine Röcke erst auf den drittletzten Tag fertig
wurden zur Anprobe, sodaß ich mich entschließen
mußte, an einem Tage nach Heilbronn und wieder
zurückzufahren. Auch Irmgard war selbstverständlich
etwas schuldig daran.

Ich bin nun schon wieder 10 Tage hier und habe
mich bis jetzt ganz gut eingelebt. Seit letzten Sonntag
wohne ich ganz allein in einem netten gemütlichen
Zimmer eines ganz neuen Hauses im 2. Stock. Mein
Fenster geht auf die Hauptstraße Epinal-Nancy und
auf der anderen Seite der Straße entlang zieht sich der
Moselkanal und daneben die eigentliche Mosel. Ich
habe also von meinem Fenster aus einen ganz schönen
abwechslungsreichen Ausblick. Vorher wohnte ich
nebenan in einem älteren Hause mit einem Uffz.
zusammen. Es waren freundliche Quartiersleute, aber
kleine Kinder haben mir nachts oft durch ihr Geheule
den Schlaf geraubt, sodaß ich ausgezogen bin. Ab und
zu besuche ich auch die Leute.
Es ist auch schon ganz ordentlich kalt hier und in den
letzten Tagen schneite es auch immer, so auch heute
Vormittag. Natürlich bleibt der Schnee noch nicht
liegen. Die Leute erzählen aber, daß es hier immer

einen strengen Winter gibt, denn das Tal zieht von Norden nach Süden. Mein Zimmer befindet sich auf der Ostseite.

Heute Vormittag war ich in Thaon und wollte einkaufen, aber man erhält nicht mehr viel und die Sachen sind fast so teuer wie bei uns zu Hause. Ich kaufte eine Unterhose für RM 2,25 und ein Arbeitshemd für RM 3,45. In Epinal will ich nun mein Glück auch noch einmal versuchen, die Geschäftsleute erhalten eben keine Waren mehr aus dem unbesetzten Gebiet und dann haben sie nur noch Ausschußwaren am Lager, für das die Burschen noch viel verlangen.

Der Dienst an und für sich ist z. Zt. sehr lau, denn es werden z. Zt. sehr viele Leute für Rüstungsarbeiten beurlaubt, sodaß man keinen richtigen Dienst aufziehen kann. Wöchentlich einmal habe ich Offz. vom Ortsdienst, wobei ich die Wachen, Stallungen, Streifen usw. der Abteilung kontrollieren muß. Es steht mir dann aber ein Krad der Abteilung zur Verfügung. Am letzten Freitag hatten wir ein großes Scharfschießen, wobei ich schönes Schießen mit fabelhafter Wirkung vorführte. Es hat den anwesenden Herrn gut imponiert.

Von Oskar habe ich, seit ich hier bin, nichts gehört. Geschrieben habe ich ihm.

In meinem nächsten Urlaub werde ich Euch dann etwas länger besuchen als wie in meinem letzten. Ich hoffe, daß ich auf Weihnachten oder Neujahr Urlaub erhalten kann. Vorher erhalte ich ja auch noch einen kurzen Urlaub, um meine Uniformsröcke zu holen, wenn es dann soweit ist. Aber nach Stuttgart wird es mir in diesem Urlaub jedenfalls leider nicht reichen.

Im übrigen geht es mir gut.

Wie geht es Euch? Seid Ihr alle gesund?

Seid nun Alle recht herzlich gegrüßt.

von Eurem

Willi.

Meine Lieben!

Ich danke Euch herzl. für Euren lb. Brief. Lb.
Schwägerin! Es ist wirklich nett von Dir, daß du mir
etwas backen willst. Ich darf dich doch aber bitten
davon abzulassen, denn ich habe ja hier mein Essen
und Ihr in der Heimat benötigt doch die Lebensmittel
und ganz besonders die wenigen Eier, die Euch auf die
Scheine gewährt werden, selbst für Euren
Lebensbedarf. Wir befinden uns im Krieg und es ist
jetzt nicht wie in Friedenszeiten, wo man Päckchen
mit allerlei Eßwaren in die Garnisonen schicken kann.
Ich bin zufrieden, wenn ich ab und zu einen Brief von
Euch erhalte. Wenn Ihr mir etwas schicken wollt,
dann schickt mir bitte Zigaretten oder Zigarren. Ich
denke, Ihr werdet mich richtig verstehen und unsere
körperlichen Anstrengungen sind ja z. Zt. nicht so,
daß man nicht mit der Kommiskost auskommen
könnte. Ihr in der Heimat habt ja z.Zt. mehr zu leisten,
als wir hier als Besatzungsarmee. Also in diesem Sinn,
liebe Gertrud, koche etwas gutes von den für mich
vorgesehenen Eiern. Ich kann es gut verstehen, es ist
für Euch heute schwer, uns etwas zu schicken und
doch will man der Feldgewinne gedenken durch
Spendung einer Liebesgabe.
　　Von Oskar habe ich gestern Abend auch einen Brief
erhalten. Ich freue mich mit ihm, daß er nun endlich
einmal Urlaub erhalten hat und unsere Mutter und der

Vater werden nun auch wieder zur Ruhe kommen und nicht mehr soviel über die Offiziere schimpfen.

Die Führerrede habe ich auch gehört in unserem Kasino in Thaon. Mancher wird dadurch in seiner Haltung gestärkt worden sein und mit Vertrauen in unsere große Zukunft blicken, nachdem sich ja jetzt auch noch unser Verhältnis zu Rußland mehr vertiefen dürfte.

Wann ich in Urlaub komme, ist heute tatsächlich noch nicht vorauszusagen, denn einmal verlegen wir in nächster Zeit unseren Standort etwas nach dem Süden und zum anderen ist bei uns Typhus ausgebrochen und vorläufig der Urlaub nach dem Reich bis 7. Dezember gesperrt. Nach den gegebenen Umständen werde ich erst nach Neujahr meinen zweiten Urlaub erhalten. Den Einkleidungsurlaub erhalte ich aber hoffentlich schon vorher. Vielleicht ist es dann auch möglich, gleich meinen anderen Urlaub damit zu verbinden, trotzdem ich wenig Hoffnung habe nach den gegebenen Umständen.

Dem Heiner gefällt es scheinbar ganz gut bei der großen Armee. Für die Grüße an meine lb . Irmgard danke ich herzlichst. Ich habe dieselben bereits weiter geleitet.

Wegen den Französinnen braucht Ihr Euch keine Sorgen zu machen, die lassen mich kalt. Wir machen unsere Witze mit diesen „Farbdosen" und im übrigen können sie mich.

Vielleicht hat Oskar den Narren an den roten Lippen gefressen. Ich kenne ja diese Sachen schon von

Pilsen her. Die Tschechinnen und die Französinnen sind sich vollkommen verwandt. Ich sitze abends meistens auf meinem warmen Zimmer und lese oder schreibe bis es Zeit ist, und in das Bett zu gehen.

Für Eure Wünsche danke ich herzlichst und wünsche Euch fernerhin ebenfalls alles Gute.

Seid herzl. gegrüßt von

Eurem

Willi.

den 25.11.40.

Meine Lieben!

Ich bin mit Wirkung ab 1. Okt. d. J. zum Leutnant befördert.

In Urlaub kann ich aber in den nächsten Wochen noch nicht.

Herzl. Grüße

Euer

Willi.

O. U.[12], den 8. Dez. 1940

Meine Lieben!

Ich bin versetzt und habe einen Marsch von nahezu 400 km hinter mir.

Meine neue Feldpost-Nr. ist:

06925B[13]

Herzl. Grüße u.

Heil Hitler!

Euer Willi.

O. U., den 16. Dezember 1940.

Meine Lieben!

Heute um 5 $\underline{00}$ bin ich hier wieder gut angekommen. Euer lb. Päckchen und der Brief sowie meine übrige Post und die Wäsche von meiner alten Battr. lagen bereits in meinem Zimmer. Ich bin froh, daß ich nun alles wieder beisammen habe. Nur eine Überraschung gab es wieder, nämlich, daß mein Chef. Abt. Kdr. in einem anderen Rgt. geworden ist und morgen von uns Abschied nimmt. Ich bin nun einige Tage allein und muß die Battr. führen, wodurch ich natürlich vermehrt Arbeit habe.

In Villingen liegt jetzt 50 cm Schnee man kann herrlich Wintersport treiben. Ich habe allerdings keinen Gebrauch mehr davon gemacht. In Donaueschingen konnte ich auch eine Schirmmütze erhalten. Stgt. hat mich im diesen Sache bitter enttäuscht. Wie ist es mit der Pistolentasche gegangen?

In meinem nächsten Urlaub werde ich mich nun auch endgültig verloben. Mit den Eltern der Irmgard habe ich hierwegen Rücksprache genommen. Von einer kurzf. kirchlichen Trauung wird abgesehen.

Mit der Weihnachtsbescherung komme ich nun den Umständen entsprechend etwas nach. Ich werde Euch die Sachen schicken, wie ich diese einkaufe.

Herzl. Dank für Euren Brief und das Päckchen.

Es grüßt Euch herzlichst

Euer

Willi.

O. U., den 30. Dezember 1940.

Meine Lieben!

Herzl. Dank für Euer lb. Päckchen mit Brief vom
21. Dez. und für Eure Wünsche zum Jahreswechsel.
Das Hutzelbrot ist dieses Mal gut angekommen und es
schmeckt ausgezeichnet. Eines davon habe ich bereits
gegessen. Ich glaube schon, daß über meinen raschen
Entschluß bezgl. Verlobung Ihr etwas überrascht
ward. Aber einmal mußte ich mich endgültig
entschließen. Falls keine besonderen Ereignisse mehr
eintreten sollten, komme ich vom 11. Januar bis 1.
Febr. nach Villingen in Urlaub und Verlobungstag
wird voraussichtlich der 26. Januar sein, evtl. auch
schon der 19. Jan. Ich lade Euch schon herzl. zu
unserer kleinen Verlobungsfeier ein. Irmgard und ich
werden schon einige Tage vorher nach Stuttgart
kommen, weil wir uns dort ein Tafel-Service kaufen
wollen. Vielleicht habe ich damit in dem „Dorf"
Stuttgart mehr Glück wie mit der Schirmmütze. Wir
wollen dann aber in Stuttgart in einem Hotel schlafen,
denn Ihr habt doch zu große Umstände, wenn wir bei
Euch schlafen wollten. Tagsüber und abends wollen
wir natürlich gerne Eure Gäste sein. Hoffentlich lassen
bis dahin die Fliegeralarme nach, denn ich möchte
nachts nicht den Luftschutzkeller aufsuchen müssen.
Es wäre mir sehr angenehm, wenn Ihr mir einen guten
Vorschlag wegen eines Hotels machen würdet.

Das Geld für die Pistolentasche braucht Ihr mir nicht zu schicken, die Hauptsache ist ja, daß das Geschäft dieselbe zurückgenommen hat. Die Sache können wir sonst einmal vornehmen. Eine günstige Aktenmappe für Ludwig konnte ich bis jetzt nicht erhalten. Die gelben schönen Mappen kosten etwas über RM 40.- Ich denke das wird doch zu teuer sein. Falls ich doch eine solche Mappe kaufen soll, dann schreibt mir bitte sofort.

Von Oskar erhielt ich zu Weihnachten eine Karte, in welcher er mir mitteilte, daß er von Euch meine neue Nummer erfahren habe. Jedenfalls hatte er in dem Zeitpunkt der Absendung der Karte meinen Brief noch nicht erhalten, den ich ihm gleich nach meinem hiesigen Eintreffen geschrieben habe. Ich habe ihm auch geschrieben, daß ich mich verloben wolle und er versuchen soll, entsprechend Urlaub zu erhalten.

Die Weihnachtsfeiertage habe ich ganz gemütlich im Kreise der Offz. der Batterie verbracht. Die meiste Zeit füllten wir mit Skatspielen aus. Abends besuchten wir dann die hiesigen Kinos. Am Hlg. Abend selbst hatten wir eine gut gelungene Weihnachtsfeier.

Morgen Abend feiern wir nun nochmals Sylvester und dann sind die Feiertage ja wieder vorbei. Morgen gibt es bei uns auch wieder Glühwein und dergl.

Über die Weihnachtsfeiertage war es hier auch ganz anständig kalt, aber Schnee haben wir keinen gehabt. Jetzt ist es schon wieder wärmer geworden und seit heute Nachmittag regnet es.

Zum Jahreswechsel nochmals meine herzl. Glückwünsche.

Herzl. Grüße Euer

Willi.

Rückseite: Januar 41.

Verlobung von Irmgard und Willi. Auf dem Bild sind seine
Nichten und Neffen zu sehen.

O. U., den 4. Februar 1941.

Meine Lieben!

Teile Euch mit, daß ich am letzten Samstag wieder
gut in meiner Unterkunft gelandet bin, ich aber gleich
am Sonntag früh wieder wegfahren mußte, weil ich für
4 Wochen zu einem Lehrgang für Reitlehrer
kommandiert bin.

Mit dem Einkaufen ist es nun nichts mehr. Ich hoffe
aber, daß ich nach Beendigung des Lehrgangs
nochmals in meiner alten Unterkunft Gelegenheit
hierzu habe.

Ich wohne hier in einem ruhigen Hotel in einem
schönen Zimmer mit fließendem warmen u. kaltem
Wasser. Nachmittags um 16 $\underline{h}$ ist mein Dienst beendet.

Ein Urlaubsgesuch zum Zweck des Besuches eines
Lehrgangs bei der Gemeindeverwaltungsschule in
Karlsruhe habe ich auch an mein Regt. eingereicht.
Aber Bescheid habe ich natürlich noch keinen, weil das
Gesuch bis zur Dir. geht.

Die herrlichen Tage von Stgt. sind auch in
lebendiger Erinnerung; aber wie schnell gehen doch
solche Tage vorüber. Im Theater hat es mir auch
glänzend gefallen.

Nochmals herzl Dank für Euere lb.
Gastfreundschaft.

Es grüßt Euch herzl. Euer
                Willi.
Adr. bis 23.2.41: Feldpost-Nr. 24820.

nachher wieder die alte Nummer.

O.U., den 9. März 1941.

Meine Lieben!

Euer lb. Päckchen habe ich vorgestern erhalten.
Herzl. Dank dafür. Nun bin ich ja schon wieder eine
Woche hier in Moulins, der Reitlehrerlehrgang hat
mir übrigens großen Spaß gemacht und ich habe dort
auch wieder sehr viel gelernt.
Wir haben hier jetzt auch Übungen noch und noch,
vergangene Woche allein vier und morgen steigt
schon wieder die nächste, die Übungen machen mir ja
an und für sich mehr Freude als jeden Tag das
Kasernenhofleben und die Tage gehen auch rascher
vorüber.

Oskar hat mir vor etwa 14 Tagen auch geschrieben
im ähnlichen Sinne wie Euch.

Ich wäre froh, wenn es nun so allmählich hier
wegginge, ich habe nun genug Moulins und es wird
mir jetzt langweilig hier, denn die Zeiten haben sich
geändert; Frankreich wird so langsam arm, Pralinen
oder Schokolade sind so gut wie nicht mehr zu
erhalten. Auch Kuchen und drgl. gibt es in den
Pattisserien keine mehr. Ebenso ist in ganz Frankreich
einschl. bes. Gebiet die Kleiderkarte auch nach
unserem System eingeführt. Lederwaren – außer
Schuhe – und kunstseidene Sachen sind noch frei. Mit
den Schuhen kann ich Euch also leider keine Freude
bereiten, außer es gelingt mir auf dem Schwarzhandel
gelegentlich etwa zu erhalten. Ich will versuchen, daß

ich noch einen Schirm erhalten kann. Kunstseidene Schirme sind ja punktefrei, aber ich will schon etwas gutes kaufen und keinen Schund. Frankreich ist heute kein Paradies mehr, sondern ein armes Land. Auch das Essen in den Hotels ist lange nicht mehr so reichlich. Es gibt nur noch kleine Fleischportionen.

Ich hoffe, daß ich diese Woche in die Stadt komme und dann will ich sehen, was noch zu machen ist. Z. Zt. habe ich nämlich sehr viel Dienst. Fast jeden Tag ist Übung und in der übrigen Zeit muß ich Unterricht erteilen, das Geschützexerzieren[14] und den Fußdienst leiten. Den gesamten Außendienst hat der Chef mir übertragen, weil er mit dem anderen Lt. Differenzen gehabt hat. Jener macht jetzt nur noch Dienst als Stalloffizier. Beim Mittagstisch herrscht bei uns jetzt immer eine gedrückte Stimmung, für mich persönlich eine peinliche Situation. In einigen Tagen wird sich die Lage aber ändern, weil der andere Leutnant aus dem Rgtm ausscheidet.

Ich hätte jetzt in Karlsruhe einen Lehrgang an der Gd. Verwaltungsschule Karlsruhe mit abschließender Prüfung besuchen können. Leider wurde aber mein Urlaubsgesuch aus dienstlichen Gründen abgelehnt.

Unsere Mutter hat mit dem Friedhelm aus Bochum scheinbar sehr viel Arbeit; der Schlingel ist so frech.

Im übrigen geht es mir gesundheitlich gut und hoffe dasselbe von Euch.

Es grüßt Euch herzlichst
Heil Hitler!
Euer

80

Willi.

O.U., den 15. März 1941.

Meine Lieben!

Heute Nachmittag war ich wieder einmal in der Stadt und habe versucht, für Euch einzukaufen. Mit Schuhen war leider nichts zu machen, dagegen konnte ich einen schönen Schirm ohne Punkte erhalten. Denselben werde ich jedenfalls in den nächsten Tagen einem Urlauber mitgeben, der ihn^k dann im Brief draußen bei der Post aufgibt. Ich werde ihn aber gut verpacken, damit er nicht beschädigt wird. Am liebsten würde ich den Schirm behalten bis ich wieder einmal in Urlaub käme, aber dies dauert voraussichtlich zu lange. Ich vermute, daß ich vor dem Herbst keinen Urlaub mehr erhalte.

Nach Lederhandschuhen habe ich auch gesehen. Etwas Passendes konnte ich aber nicht erhalten, nur Ladenhüter und geschmacklose Sachen waren noch zu haben.

Vom letzten Mittwoch bis Freitag war ich in Paris anläßlich einer Besichtigungsfahrt. Paris ist tatsächlich die Weltstadt, wie sie besungen wird und in den Büchern geschildert wird. Man sieht, daß das ganze Geld nach Paris floß und dort damit prachtvolle Bauten und Straßen erstellt wurden. Wer Paris gesehen hat, weiß warum diese Stadt das Herz Frankreichs ist. Da kommt tatsächlich nicht eine einzige Stadt in Deutschland mit.

Frankreich hat wirklich große Architekten gehabt.

Die Pariser U-Bahn ist auch eine ganz fabelhafte Sache und ein Meisterwerk der Baukunst.

Vom Eifelturm aus hatten wir einen herrlichen Rundblick über die ganze Stadt bei völlig wolkenlosem Himmel. Aber müde wurde ich auch vor lauter Pflaster treten und der Umsteigerei in der U-Bahn. Am Donnerstag Abend war ich im „Casino de Paris", dem weltbekannten Unterhaltungslokal mit den Künstlern und Pariser Frauen, da wurde ganz Fabelhaftes geboten mit allem drum und dran. Wenn man diese Vorstellungen gesehen hat, ist man einfach platt.

Gelegentlich eines Urlaubs werde ich Euch mehr erzählen. So lernt man durch den Krieg doch so manches kennen und kommt etwas in der Welt herum. Wer weiß, wohin noch überall?

Wir haben hier jetzt den wahren Frühling; es blühen hier Kirschbäume, Sträucher usw. Ist es bei Euch auch schon so warm?

Vielleicht kommen wir in Bälde in noch eine wärmere Gegend.

Für morgen wünsche ich Euch einen schönen frohen Sonntag und hoffe, daß ihr noch alle gesund und munter seid., wie ich es bin.

Seid herzlich gegrüßt von

Eurem

Willi.

Meine Lieben!

Herzl. Dank für Euer lb. Päckchen, das ich heute
Nachmittag erhielt. Die Brötchen schmeckten
ausgezeichnet und mein lb. Moorle wird sich auch
freuen, wenn er ab und zu einen Zucker von mir erhält.
Bisher konnte ich ihm nur Brot geben.

Zur Zeit habe ich immer sehr viel Arbeit, fast jeden
Tag Übung und dann gegen Abend noch Unterricht
und Exerzieren; daher auch der „schlechte Schreiber".
Von Oskar habe ich in Bourges den letzten Brief
erhalten. Ich habe ihm von hier aus ein kleines
Päckchen geschickt, aber eine Antwort habe ich noch
nicht erhalten. Jedenfalls hat er auch keine Zeit und
immer Übung.

Wegen Schuhen habe ich mich schon des öfteren
bemüht, aber vergebens. Ohne Punkte ist nichts zu
machen. Vielleicht kann ich für Kurt noch einmal
irgendwo ein Paar ergattern, damit er sich beruhigt.
Mit seinen Standpunkt hat der kleine Schlingel ja
vollkommen recht, denn er hat sie ja von mir
geschenkt erhalten. Wenn ich schon das Glück haben
sollte, ein Paar für Kurt zu erhalten, so sind es solch
schöne nicht mehr und werden keine Ledersohlen
mehr haben. Es ist gut, daß du wenigstens das eine
Paar wieder losbekommen hast. Schade, daß ich dir
keine mehr schicken konnte. Wäre ich anfangs

Februar auch in Moulins gewesen, so hätte ich hierzu die Möglichkeit gehabt.

Liebe Schwägerin! In der Zwischenzeit wirst Du den Schirm erhalten haben und hoffentlich ist der gut in deinen Besitz gekommen ohne beschädigt zu sein. Ich habe ihn ja ganz gut verpackt. Es war das beste Stück, das ich noch erhalten konnte und hoffentlich gefällt er dir. Knirpse habe ich in Frankreich noch nie gesehen. Ich glaube man kennt diese hier gar nicht. Ein Paar schöne Handschuhe habe ich auch für dich erhalten und ich werde dieselben in den nächsten Tagen abschicken.

Mutter hat mir ihr Leid wegen Friedhelm in einem Brief auch schon geklagt. Hoffentlich kommt der Bengel bald wieder zu seinen Eltern. Die Mutter ist eben doch für Kindererziehung jetzt schon zu alt und die Ruhe tut ihr besser als der Ärger mit fremden Kindern.

Letzte Woche kam ich mit einem großen Schrecken von einer Übung nach Hause. Meine Pistolentasche war auf und die Pistole fehlte. Andern tags ritt ich wieder hinaus in das Gelände, um dieselbe zu prüfen und hatte das Glück, dieselbe wieder zu finden. Welch ein Glück, nicht wahr? Immerhin ein Wert von RM 44.- und dazu auch ein knapper Artikel.

Unsere Briefpost wurde bisher immer durch Urlauber mitgenommen und im Reich eingeschmissen, damit es rascher ging, daher der Poststempel „Heilbronn". Jetzt besteht aber die Möglichkeit nicht mehr.

Wann wird der Einzug in Heilbronn kommen?

Ich glaube an den Endsieg in diesem Jahr, aber an den Einzug in Heilbronn glaube ich in diesem Jahr noch nicht.

Bei mir blühen die Bäume und die Blumen.

Herzl. Grüße und die besten Wünsche von Eurem
Willi.

O.U., den 4. April 1941.

Meine Lieben!

Herzl. Dank für Euer lb. Osterpäckchen, das ich
vorgestern erhalten habe.
Ich bin froh, daß der Schirm gut angekommen ist und
derselbe Dir gefällt. Die Hausschuhe werden in der
Zwischenzeit auch angekommen sein. Gerne würde ich
Euch mehr schicken, wenn nun noch etwas zu erhalten
wäre. Gerade die Schuhe für den lb. Kurt liegen mir so
am Herzen und bis jetzt hatte ich noch kein Glück.
Geld bitte ich natürlich keines zu senden, denn bei mir
geht das Geld so oder so weg und am Geldbeutel
spüre ich nichts, wenn ich ab und zu für solche
Kleinigkeiten etwas ausgebe. Deswegen brauche ich
mich noch lange nicht einzuschränken.
Von Oskar hab ich vor kurzem auch einen Brief
erhalten, in dem er mir ähnlich geschrieben hat wie
Euch.
Wie lange ich noch hier bleibe, weiß ich nicht;
jedenfalls aber nicht mehr lange.
In Afrika geht es ja nun auch wieder vorwärts und
ich vermute, daß auch Jugoslawien zu einem neuen
Kriegsschauplatz für uns werden wird[15]. Wenn auf
dem Balkan reine* Arbeit geschafft ist, wird es der
Engländer im Mittelmeer nicht mehr aushalten
können. Bis ¼ Jahr vorbei ist, werden wir klarer sehen.
Die Serben werden ihren Aufruhr teuer bezahlen
müssen.

Den Japanempfang habe ich natürlich auch mit angehört, denn in unserem Heim läuft der Radio von morgens bis abends ohne Unterbrechung.

Die kommenden Tage werdenᵏ für mich nun Tage der Erholung sein, denn die letzte Zeit stellte große Anforderungen an uns und jetzt herrscht Ruhe vor dem Sturm.

Ich bin glücklich auch noch aktiv an der Erringung des Endsieges mitwirken zu dürfen, denn sonst wäre ich einige Jahre im Kriege gewesen und doch nicht.

Falls ich Euch bis zu den Feiertagen nicht mehr schreiben sollte, wünsche ich Euch Allen schon jetzt frohe Feiertage und alles Gute für die ferne Zukunft.

Es grüßt Euch herzlichst

Euer

Willi.

Postkarte, Stempel 10.4.41

DIENSTGRAD U. NAME: Leutn. Layer
FELDPOSTNUMMER: 06925 B[16]

FRÖHLICHE OSTERN

wünscht Euch
                Euer
                        Willi.

Rückseite: 2.5.41

O.U., den 6. Mai 1941.

Meine Lieben!

Wie geht es Euch? Ich habe nun schon seit längerer Zeit nichts mehr von Euch gehört.

Oskar ist ja nun scheinbar wieder soweit hergestellt, daß er bald wieder aus dem Lazarett entlassen werden kann.

Ich konnte nun doch noch für Heinz ein Paar Schuhe erhalten. Es sind aber hohe Schuhe und lange nicht so gut wie die anderen. Außerdem erhielt ich einige Sommerhemdchen für die Kinder,

Diese Sachen werde ich in den kommenden Tagen zu Euch abschicken.

Nun ist ja der Balkanfeldzug auch wieder rasch und glorreich zu Ende gegangen. Man ist nun gespannt, wo es zur neuen Schlacht kommt. Hoffentlich komme ich mit meiner Einheit auch noch zum Einsatz.

Mir selbst geht es immer noch gut und hoffe dasselbe von Euch.

Es grüßt Euch alle herzl. Euer
Willi.

Meine liebe Mutter!

Zum Muttertag sende ich dir die herzlichen Grüße. Muttertag ist der Ehrentag der deutschen Mütter, an welchem die Kinder im besonderen ihrer lieben Mutter Dank erweisen und ihrer gedenken.

Liebe Mutter! Gerade jetzt zu Kriegszeiten, wo ich weit weg bin von Dir und nur Kameraden im grauen Rock kennt* und sonst niemanden habe, denkt man oft an seine Lieben zu Hause und ganz besonderes an seine Mutter. Ich weiß, was Du uns gutes getan hast, alles hast Du uns Kindern gegeben und keinen Dank für das, was Du uns gegeben hast.

Zum Muttertag wünsche ich Dir von Herzen alles Gute, daß Du fernerhin gesund bleiben mögest und Du Dir nicht mehr soviel Sorgen machen sollst.

Leider kann ich Dir nicht viel schenken. Die Blumen habe ich in unserem Garten in Liebe zu Dir gepflückt und am Muttertag sollst du zum Mittagessen eine Flasche Sekt trinken als Geschenkchen von mir.

Die beiliegenden Stumpen sind selbstverständlich nicht für Dich, sondern dem lb. Vater bestimmt.

Mit den besten Wünschen grüßt Dich herzlichst
Dein
Willi.

den 18. Mai 1941.

Meine Lieben!

Herzl. Dank für Euer lb. Päckchen, das ich vorgestern erhalten habe. Die beiden Fotos sind sehr schön geworden und haben mir große Freude bereitet. Die Christa sieht auf dem Bild mit Irmgard so lieb aus und strahlt so nett. Sie ist wirklich ein liebes Kind und meine Irmgard hat auch große Freude mit ihr. Irmgard wollte auf 1. August für 2-3 Monate nach Stgt. zu ihrer Cousine in die Wirtschaft am Bahnhof, um das Kochen zu erlernen. Es klappt aber noch nicht mit dem Weggehen bei der Stadt. Zuerst war es genehmigt, daß sie weg kann, neuerdings aber wollen sie Irmgard doch nicht weglassen. Jedenfalls muß ich mich noch für sie einsetzen.

Von Oskar habe ich auch seit längerer Zeit keine Post mehr erhalten. Jetzt ist er ja Gott sei Dank wieder gesund. Nun konnte er scheinbar doch nicht über Villingen fahren, wie er sich dies vorgenommen hatte. Wenn er aber evtl. länger in Ulm bleiben kann, wird er von dort aus in den Sonntagsurlaub fahren können. Nach Villingen lohnt es sich allerdings kaum. Vielleicht kann er auch in Erholungsurlaub fahren, was ich ihm von Herzen gönnen würde.

Hoffentlich heilt Christa's Krankheit rasch und gut. Da wird sie jetzt wunderlich sein , die lb. Nudel.

Jetzt würde ich ganz gerne wieder einmal nach Hause fahren, wo jetzt alles so schön blüht. Bei uns hier ist die Blüte schon längst vorbei und in unserem Garten reifen schon bald die Kirschen. Bis noch eine Woche herum ist, werden wir schon die ersten pflücken können.

Habt Ihr das Päckchen mit den Schuhen auch erhalten? Diese Schuhe sind ja arg schlecht finde ich. Leider konnte ich aber nichts besseres erhalten.

Mir geht es auch immer noch gut. Z. Zt. treiben wir abends sehr viel Sport, besonders Fußball. Heute Nachmittag wollten wir noch ein Spiel gegen eine andere Einheit durchführen, mußten es aber leider wegen des schlechten Wetters absagen.

Wann und wo sich nun der nächste Schlag tun wird, darüber mache ich mir z. Zt. auch Gedanken. Jede Vermutung könnte aber fehlschlagen und es wäre auch gut, die Leute würden hiervon nicht soviel reden. Schon manches wurde durch so unnötiges und leichtsinniges Gerede an den Feind gebracht.

Es grüßt Euch herzlichst

Heil Hitler!

Euer

Willi.

O. U., den 1. Juni 1941.

Meine Lieben!

Herzl. Dank für Euren lb. Brief vom 27. d. Mt.

Es freut mich, daß Ihr für die Hemdchen Verwendung gefunden habt und dem Kurt die Schuhe passen und er seine Freude daran hat. Wenn ich gelegentlich wieder einmal etwas erhalten kann, werde ich wieder an Euch denken, denn ich kann mir schon vorstellen, daß es große Schwierigkeiten bereitet, bis 4 Kinder angekleidet sind.

Oskar konnte ja nun nicht lange in Ulm bleiben, denn wie mir die Mutter und Irmgard geschrieben haben, befand er sich schon wieder auf der Fahrt nach Polen, wo er in der Zwischenzeit auch eingetroffen sein wird. Dort wird er es ihm weniger gut gefallen.

Wegen Irmgard bin ich schon auf Eurer Auffassung, aber da wo sie hingeht, sind ja Verwandte und ich glaube schon, daß sie dort Gelegenheit hat, etwas zu lernen. Die Zeit liegt noch nicht fest, da sie die Stadt nicht gehen lassen will. Sie soll jetzt ab Dezember 8 Wochen Urlaub erhalten. Die Stadt erhält jetzt eben auch keinen Ersatz für Irmgard und sie will für die paar Mark nicht mehr länger bei der Stadt arbeiten.

Die Freude mit der „Bismarck"[17] war leider nicht von langer Dauer. Die Engländer sind eben doch immer noch die Herren auf dem Atlantik. Aus dem Mittelmeer werden sie nun aber über kurz oder lang verschwinden müssen, nachdem auch Kreta sich nun in unserer Hand befindet. Nun wird der Suez und dann Gibraltar an die Reihe kommen und England ist dann aus dem Mittelmeer ausgeschifft.

Der Endkampf wird doch noch ein schwieriger werden, denn m. E. muß das Mutterland besiegt werden, damit es zum Frieden in Europa kommen kann. Wenn der Mittelmeerkrieg zu Ende ist, wird der starke Druck auf die Insel die Engländer zermürben und zur Kapitulation zwingen.

Der Amerikaner scheint den Engländern doch auch noch zur Hilfe kommen zu wollen, falls er nicht zu spät kommt.

Diese Woche hatten wir auch eine 3 tägige Div. Übung, an welche Generalfeldmarschall v. Blaskowitz[18] teilnahm. Zum ersten Mal sah ich einen Ritterkreuzträger in natura.

Hier haben wir ein herrliches Pfingstwetter, sodaß hier nun schon die Kirschen reifen. Heute früh war ich in der Küche, denn ich war zum Offz. vom Küchendienst bestimmt. Heute Nachmittag spielen wir Fußball. Morgen haben wir ein großes Spiel gegen eine andere Einheit. Auch ich werde mitspielen.

Letzte Woche legte ich auch die Prüfungen für das Reitersportabzeichen ab. Meine Gaul hat die 9 Hindernisse fehlerlos gesprungen.

Im übrigen freut es mich, daß Ihr alle gesund und munter seid, was ich auch von mir berichten kann.

Die herzl. Pfingstgrüße sende Euch

Euer

Willi.

Meine Lieben!

Herzl. Dank für Euer Päckchen mit Brief vom 14.d.
Mts.

Ich würde Euch gerne noch mehr schicken, wenn
nur etwas zu erhalten wäre. Auch mit dem Sohlenleder
sehe ich „schwarz", denn ohne Gutschein ist im Laden
nichts zu erhalten. Die Franzosen selbst tragen
Holzsohlen und anstatt Schuhen aus Leder, sind diese
vielfach aus Stoff. Mit Gutscheinen gibt es, wie im
Reich auch, natürlich auch gute Schuhe. Ich will aber
trotzdem einmal versuchen, ob ich etwas Leder
erhalten kann.

Wenn Ihr die Zigaretten so schlecht erhalten
könnt, dann bitte ich Euch, in Zukunft keine mehr an
mich zu schicken. Ich rauche hier, nachdem es keine
Zigaretten oder nur noch wenige gibt, in der
Hauptsache Zigarren und Stumpen, die wir in der
Feldküche fassen und auch in der Kantine kaufen
können.

Ich sitze am heutigen Nachmittag in unserem Heim
am Radio und höre mir die laufenden
Sondermeldungen vom russischen Feldzug an. Diese
Erfolge sind doch mehr als erstaunlich. Da ist man
einfach platt über diese Ergebnisse.
Oskar hat ja nun das Glück mit dabei sein zu dürfen.
Ich beneide ihn geradezu, denn ich und wir alle, wären
doch auch gerne mit dabei gewesen und müssen nun

immer hier herumsitzen und uns mit Übungen begnügen.

Letzte Woche waren wir wieder einmal zur Abwechslung beim Scharfschießen.

Am nächsten Sonntag starte ich mit einer Radfahrerpatrouille in Stärke von 22 Mann 82 Offz., 5 Uffz.u. 15 Mann) zu einer 7 tägigen Frankreichfahrt und zwar fahren wir der Loire entlang über Orleans nach Tours und dann wieder zurück über Bourges - Nevers nach Moulins. Dabei werden wir die vier schönsten Loire-Schlösser besichtigen. Das ist unser Krieg hier in Frankreich.

Auf der Hochzeit war es scheinbar ganz nett und gemütlich. Die Mutter hat mir hiervon auch schon geschrieben.

Im übrigen geht es mir immer noch gut, was ich auch von Euch hoffe.

Herzl Dank für das Päckchen.

Seid herzl. gegrüßt und

Heil Hitler!

Euer

Willi.

den 8.7.'41

Meine Lieben!

Seit gestern Vormittag befinde ich mich anläßlich der Wanderpatrouille hier in Orleans. Morgen geht es weiter der Loire abwärts. Leider haben herrliche Kunstbauten des schönen Orleans sehr unter den Folgen eines Luftangriffes gelitten. Die Kathedrale und die Denkmäler der Jungfrau blieben unversehrt Herrliches Wetter, aber eben heiß und durstig.

Herzl. Grüße Euer Willi.

Rückseite: Wanderpatrouille 6.-12.7.41.
Vor dem Bahnhof Moulins: Hpt. B., Gefr. L., H., F., W., Uffz. C.

Rückseite: Wanderpatrouille 6.-12.7.41.
Loire Brücke o Sully
(300 frz. Zivilisten fanden den Tod bei der Sprengung).

Wanderpatrouille 6.-12.7.41
mit Hptm. B. und Uffz. C. auf Chateau Chambord.

Rückseite: Wanderpatrouille 6.-12.7.41
Unterwegs beim Frühstück in einer
Gartenwirtschaft (nach 40 km Fahrt)

O.U., den 14. Juli 1941.

Meine Lieben!

Herzl. Dank für Euer Päckchen und die Gratulation anläßlich meines Geburtstages, den ich dieses mal in Tours verbracht habe. Am Samstag Abend bin ich wieder hierher zurückgekehrt. Auf dieser Fahrt durch das Tal der Loire hatte ich Gelegenheit sehr viel zu sehen, besonders die herrlichen französischen Königsschlösser und die schönen Städte Orleans und Tours. Ich habe von der Tour[k] sehr viele Fotos, die ich Euch gelegentlich zeigen werde.

Mein Sturz vom Pferd, d. h. mit dem Pferd, denn beim Hindernisspringen kam dem Pferd eine Stange zwischen die Vorderbeine und mußte dadurch stürzen, war nicht so schlimm und auch nach einigen Tagen war bei mir alles wieder in Ordnung.

Die Mutter hatte mir auch schon geschrieben und die Irmgard, daß der Kurt in Villingen ist. Irmgard wird ihn[k] schon öfters holen, denn sie hat eine große Freude an ihm und sie hat mir von dem ersten Besuch des Kurt bei Spraul's schon geschrieben. Unsere Mutter hat dadurch natürlich schon etwas mehr Umtrieb, aber sie wieder es auch wieder schaffen.

Mit dem Krieg in Rußland wird es nun auch rasch vorwärts gehen, da die Stalin-Linie[18] nun durchbrochen ist und wir ja sowieso die Luftherrschaft haben. Die Verluste auf unserer Seite scheinen aber auch sehr beachtlich zu sein, wie den Zeitungen zu entnehmen ist. Popitz aus Villingen ist auch gefallen. Er war Abt. Ldt. im dem Rmgt., in den sich Oskar befindet. Oskar selbst hat mir seit dem 19.6. nicht mehr geschrieben und ich warte täglich auf Post von ihm.

Die Irmgard wird nun doch voraussichtlich zum 1. Sept. mach Stgt. zu ihrer Cousine gehen zur Erlernung des Kochens.

Die Brötchen schmeckten übrigens ganz ausgezeichnet und meine Quax hat sich über den ersten Zucker auch schon gefreut.

Anbei auch 3 Fotos von meinem Quax beim Springen.
Er war an dem Tage, an dem die Fotos gemacht wurden, nicht sonderlich gut zum Springen aufgelegt.

Mir geht es soweit gut, nur muß man aber z. Zt. sehr viel schwitzen bei 30 - 40° im Schatten. Man gewöhnt[k] sich aber auch daran.

Nochmals herzl. Dank und seid Alle herzlich gegrüßt von Eurem

Willi.

Euer Foto ist recht matt geworden. Herzl. Dank dafür.

W.

den 11. August 1941.

Meine Lieben!

Nun mache ich schon wieder 14 Tage Dienst und vorbei ist der schöne Urlaub.

Mein Chef befindet sich jetzt im Urlaub und nun bin ich wieder Batterieführer. Es ist auch ganz nett, wenn man selbst Herr im Hause ist, aber dafür natürlich wieder etwas mehr Verantwortung und Arbeit, weil ich nun ganz alleine bin. Ich fühle mich auch dem Amt aber gut gewachsen.

Wie geht es Euch, meine Lieben? Ist es dort immer noch so schlecht mit dem Obst? Hier gibt es jetzt wieder alles in Hülle und Fülle und ich mache auch reichlich Gebrauch davon, denn etwas anderes kann man doch nicht für den Magen kaufen.

In den letzten Tagen war es hier sehr kalt und regnerisch. Heute ist es nun wieder wärmer und schöner.

Dem Kurt werde ich heute noch Schuhe kaufen und ihm schicken, denn bis zur Größe 27 sind dieselben hier jetzt frei.

Von Oskar erhielt ich letzte Woche auch einen Brief aber schon vom 8. Juli, also ohne Neues für Euch. Ich habe ihm auch Zigaretten geschickt und warte ab, ob er diese auch erhalten hat.

In Rußland müssen z. Zt. wieder entscheidende Gefechte im Gange sein. Die Zahlen der letzten

Sondermeldungen sind ja ganz fantastisch. Hoffentlich ist der Krieg noch vor Einzug des Winters zu Ende.

Gestern Abend war ich hier in einem schönen Konzert der bekannten Kapelle Oskar Jerochnik. Es waren auch bekannte Sängerinnen dabei. Der Abend war wirklich herrlich bei diesen hervorragenden Künstlern.

Laßt bitte recht bald auch wieder etwas von Euch hören.

Es grüßt Euch Alle recht herzlich

Euer

Willi.

den 25. August 1941.

Meine Lieben!

Herzl. Dank für Euren lb. Brief vom 16. d. Mts. Das freudige Ereignis hatte mir meine Irmgard bereits schon mitgeteilt. Ich hoffe, daß noch alles wohlauf ist und die kleine Irmgard gut gedeiht.

Für den Kurt konnte ich die Schuhe noch nicht erhalten, ich hoffe aber, daß mir das noch gelingt. Für den Heinz & für Gretel konnte ich aber welche erhalten, die ich Euch demnächst schicken werde. Für den Heinz konnte ich wieder schöne braune Halbschuhe erhalten und für die Gretel blaue. Hoffentlich passen sie auch. Die Schuhe sind aber jetzt auch arg teuer geworden. So mußte ich z. B. für diejenigen für Heinz RM 7.- bezahlen.

Von Oskar habe ich auch keinerlei Nachricht mehr erhalten, obwohl ich ihm geschrieben habe und ihm 50 Zigaretten schickte. Ich nehme an, daß zu seiner Truppe z. Zt. vielleicht keine Feldpostverbindung besteht, obwohl seine Div. bei Smolensk eingesetzt war und ziemlich starke Verluste erlitten haben soll. Das Schlimmste nehme ich aber noch nicht an, denn so arg lange ist ja die Zeitspanne auch nicht und dann wäre auch schon irgendeine Mitteilung gekommen.

Z. Zt. habe ich mit dem Zähnen etwas Schwierigkeiten und mußte in zahnärztl. Behandlg. gehen. Es wird nun aber schon wieder besser.

Am Mittwoch früh fahre ich zu einem Sportlehrgang nach Fontainebleau bei Paris und komme am 11. Sept. wieder hierher zurück. Ihr könnt mir auch während dieser Zeit unter der alten Nr. schreiben. Für besondere Fälle teile ich Euch aber trotzdem die neue Nr. dann mit. Wenn ich zurückkomme, werde ich dann voraussichtlich eine andere Anschrift erhalten, weil ich eine Stufe höher schreite und Adjutant bei der I. Abt. werden soll. Dies wurde mir gestern Abend eröffnet. An und für sich begrüße ich dies nicht besonders, weil ich dann von der Truppe wegkomme und meine Haupttätigkeit sich am Bürotisch abspielt. Man sieht und hört aber auch wieder viel mehr, als dies jetzt der Fall ist. Für mich ist es jedenfalls ein großer Vorteil, wenn ich auch eine Zeitlang einmal diesen Posten ausgefüllt habe. Mein Kdr. ist ein temperamentvoller aktiver Major, der mit Vorsicht zu genießen sein wird. Mich wird er aber nicht verrückt machen.

Von zu Hause habe ich auch noch keinen Brief erhalten, seitdem mein Urlaub zu Ende ist. Ich weiß nicht hat die Mutter keine Zeit zum Schreiben oder was da los ist.

Mit den besten Wünschen grüße ich Euch herzlichst.

Euer

Willi.

Rückseite: Standortsportfest Fontainebleau 6. und 7.9.41
Der Armeesportlehrgang fungiert als Schiedsrichter.

Meine Lieben!

Seit letzten Donnerstag bin ich nun wieder in meiner alten Unterkunft. In Fontainebleau hat es mir sehr gut gefallen. Der Sportlehrgang hat mir wirklich gut getan.

Meine Versetzung zur I. Abt. als Adjutant ist in der Zwischenzeit nun auch perfekt geworden. Am kommenden Montag ziehe ich nun in eine Ortschaft 20 km von hier entfernt. Meine neue Feldp. Nr. ist: 37134 A[20].

Heute schicke ich auch 2 P. Schuhe für Heinz an Euch ab. Diejenigen für Gretel wurden mir während meiner Abwesenheit gegen Größe 34 vertauscht, sodaß ich nun der Gretel keine schicken kann.

Wie geht es Euch sonst und was macht die kleine Irmgard? Meine lb. Irmgard muß scheinbar tüchtig mitarbeiten und lernt sehr viel. Es gefällt ihr auch gut.

Von Oskar habe ich seit dem 8. Juli keinen Brief mehr erhalten. Nach Villingen hat er anfangs August eine Karte geschickt. Ich bin froh, daß er wenigstens noch gesund ist.

Wenn ich nun auf das Land komme, wird mir das Leben hier auch langweilig werden und kaufen werde ich nun auch nichts mehr können. Bei dem dortigen Kdr. kommt man scheinbar ziemlich wenig in die Stadt.

Es grüßt Euch herzlichst

Euer

Willi.

Rückseite: 14.9.41

O. U., den 23. September 1941.

Meine Lieben!

Herzl. Dank für Euer Päckchen vom 13. d. M., das
ich gestern Abend erhalten habe. Der Inhalt war noch
sehr gut erhalten und die Brötchen schmeckten mir
ganz großartig. Die beiden Würste waren etwas
angelaufen. Ich habe sie sogleich abgewaschen und
zum Trocknen aufgehängt. Jetzt sehen sie wieder
schön aus und ich glaube, daß dieselben auch nicht
schlecht schmecken. Leider mußte ich mich infolge der
Versetzung auch von meinem lb. Quax trennen, sodaß
ich den Zucker nun für mich selbst verwenden werde.
Das Pferd, das ich hier erhalten habe, macht mir wenig
Freude und dieses wird auch keinen Zucker von mir
erhalten. Das Pferd hat zu wenig Temperament und
ist immer müde, ins Auge aber ganz nett.

Heute erhielten wir nun 4 neue Reitpferde, von
denen ich mir eines ausgesucht habe, von dem ich mir
etwas verspreche. Es sind serbische Pferde.

Nun bin ich ja schon wieder über eine Woche an
meinem neuen Ort. Ich wohne sehr schön in einem
schönen Schloß. Die Ortschaft selbst hat aber nur 800
Einwohner und es ist sehr langweilig hier. In M.
konnte man wenigstens des öfteren in ein Kino oder
ins Theater. Dies alles fällt hier nun weg und außer
dem Schloß ist nichts da. Nach M. sind es immerhin 27
km und zu weit für unsere Pferde, um für einige
Stunden dort zu sein. Ich habe mich hier nun schon

sehr gut eingelebt und der Dienst ist auch auszuhalten. Ich werde jetzt als Adjutant eingewiesen und werde diesen Posten demnächst für ganz übernehmen müssen. Dieser Posten ist doch sehr vielseitig und nicht uninteressant.

Am Montag komme ich nun für 3 Wochen auf einen Übungsplatz in dem franz. Jura. Die Feldp. Nr. bleibt aber dieselbe.

Es freut mich besonders, daß ich bei Euch alles wohlauf ist und die kleine Irmgard so gut gedeiht.

Meine lb. Irmgard hat nun ja auch gleich schon die Hälfte um und bald wird sie auch wieder in Villingen sein. Ich glaube, daß sie dann immer noch gerne an die in Stgt. verlebte Zeit zurückdenken wird und ob sie sich in Villingen dann nicht langweilen wird? Sie hat jetzt doch vielmehr Umtrieb und bekommt vieles zu sehen. Was wäre es doch gewesen, wenn sie geheiratet hätte, ohne einmal für kurze Zeit von Mutter Schurz weg zu sein. Diese Zeit in Stgt. wird ihr bestimmt zugute kommen.

Von Oskar selbst habe ich nie mehr Post erhalten. Ich weiß nicht, ob er meine Zigarettensendg. erhalten hat. Heute habe ich auch wieder 2 Päckchen an ihn abgeschickt.

In Rußland gab es ja nun wieder glänzende Erfolge und ich habe doch noch einen Funken Hoffnung, daß der Krieg dort drüben vielleicht dieses Jahr noch zu Ende geht. Der Russe wird nicht mehr lange diesen hartnäckigen Widerstand leisten können.

Wir hier warten alle auf den Einsatzbefehl und hoffentlich haben wir auch noch einmal das Glück.

Habt Ihr die beiden Päckchen mit den Schuhen erhalten?

Es grüßt Euch Alle herzlichst

Euer

Willi.

den 10. Oktober 1941.

Meine Lieben!

Herzl. Dank für Euren lb. Brief, den ich heute früh erhalten habe.

Die Schuhe bitte ich selbstverständlich als geschenkt zu betrachten, denn infolge des Krieges kommen die Kinder ja in Bezug auf Geschenke doch zu kurz und so bin ich froh, wenn ich ab und zu auf diese Art etwas schenken kann. Ich bitte Euch, wenn, die Eier so knapp sind, für mich nichts mehr zu backen. Diese wenigen Eier, die Ihr bekommt, verwendet Ihr nützlicher für Euch selbst. Die Kinder werden sich auch freuen, wenn sie wieder einmal ein Ei essen dürfen, wo das Fleisch und die Wurst so knapp sind.

Mit Rauchwaren bin ich auch immer gut versorgt. Ich habe an Oskar auch schon öfters abgeschickt. Unterm 24.8. hat er mir geschrieben, daß er die ersten 50 Stück erhalten habe. Es dauerte 4 Wochen bis er das Päckchen erhielt. Ich hatte diese schon im Juli weggeschickt.

Mit Heinz ist es ein bedauerlicher Unfall. Hoffentlich bleibt nichts davon zurück und wird der Finger nicht steif. Ich kann aber auch nichts verstehen, wie dies passieren konnte. Da haben die sicher Blödsinn gemacht.

Irmgard ist scheinbar immer sehr stark beschäftigt und letzte Woche waren an einem Tag auch ihre Eltern in Stgt. und an diesem Tag hatte sie frei.

Vielleicht konnte sie deshalb am Freitag nicht zu Euch kommen. Es gefällt ihr sonst immer bei Euch, wie sie mir geschrieben hat.

Ich befinde z. Zt. auf einem Trp. Üb. Platz und haben[k] fast jeden Tag ein Scharfschießen. Im Allgemeinen habe ich sehr wenig Zeit für meine persönlichen Angelegenheiten und wenn ich einen Brief schreiben will, dann geht diese Zeit am Schlaf ab, so auch jetzt im Augenblick, wo ich diesen Brief schreibe.

Allem Anschein nach geht der Krieg mit Rußland im Wesentlichen in diesem Jahr doch noch zu Ende. Diese Kämpfe müssen ja ganz furchtbar sein und unter jedem Menschentum stehen.

Wenn der Krieg mit Rußland bald zu Ende geht, dann zweifle ich daran, auch noch einmal zum Einsatz zu kommen. Für England werden doch in der Hauptsache motorisierte Truppen zum Einsatz kommen.

Der Friedhelm ist ja auch wieder zu seinen Eltern noch Bochum abgereist. Die Eltern sind doch froh, daß sie nun wieder ihre Ruhe haben.

Es grüßt Euch herzlichst

Euer

Willi.

Rückseite: 10.10.41:
Offz. der I./A. R. 215 im Kasino, Tr. Üb. Pl. Valdahon.

Rückseite: 10.10.41:
Die „Stabsoffz." vor dem Vorbeimarsch in Valdahon.
(Ass. Arzt Dr. S., Vetr. Dr. G., O., Zahlmster. K., Ltn. H., Lt. S.)

den 16.10.41.

Meine Lieben!

Zu der Anlage schicke ich euch einige Fotos zur gefl. Aufbewahrung.

Mein lb. Quax wollte an jenem Tag nichts wissen vom fotographieren und blieb nicht stehen. Deshalb sind die Bilder nicht besonders schön. Die beiliegende Rechnung bitte ich alsbald per Zahlkarte für mich zu bezahlen. Diese Sachen habe ich für mich persönlich gekauft auf den Name der Dienststelle.

Als Absender gebt Ihr auf der Zahlkarte an:

„Ltn. W. Layer für Dienststelle Feldp. Nr. 37134 A“.

und als Zeichen der Firma: Kom. 10774/ Rechg. vom 6.10.41.

Aber bitte sofort erledigen.

Außerdem bitte ich um sofortige Übersendung von RM 30.-. Gebt am besten RM 60.- ab und den Rest von RM 4,77 behaltet Ihr für Euch.

Im übrigen geht es mir gut und hoffe, von Euch auch bald wieder etwas zu hören.

Es grüßt Euch herzlichst.

Euer Sohn

Willi.

O. U., den 30. Oktober 1941.

Meine Lieben!

Ich danke Euch herzlichst für Euer Päckchen, das ich gut erhalten habe. Die Brötchen schmeckten mir ganz fabelhaft. Der lb. Bäckermeisterin muß ich zu diesem guten Gelingen nur gratulieren und mich nochmals ganz besonders bedanken. Lb. Schwägerin! Dieses Mal hast du es mit den Brötchen wirklich mehr als gut mit mir gemeint. Wenn ich immer solch einen Brotbeutel voll bei mir hätte, dann würde ich das Kommende gut überstehen. Aber das kann ja gar nicht sein und es wird auch so gehen.

Ich bin in meinem alten Quartier wieder gut angekommen und Winter ist es in der Zwischenzeit hier auch schon geworden. Heute früh hatten wir einen ordentlichen Schneesturm bis es um die Mittagszeit dann regnete. Dieses Wetter ist aber für uns jetzt ganz gut so; damit der Unterschied im Klima sich nicht so kraß auswirkt.

Etwas Neues kann ich Euch im übrigen nicht mitteilen.

Nochmals herzl. Dank und mit den besten Wünschen grüßt Euch herzlichst

Euer

Willi.

O. U., den 8. Nov. 1941.

Meine Lieben!

Ich habe am letzten Montag ein Päckchen mit einem Paar Schuhe für Gertrud und Bonbons für die Kinder abgeschickt. Hoffentlich passen die Schuhe dieses Mal. Ich konnte diese auf Umwegen noch erhalten. Mich würde es ärgern, wenn diese wieder nicht passen würden. Mit Schuhen und besonders Damenschuhe ist es doch Glückssache, wenn solche ohne Anprobe passen.

Ich werde voraussichtlich noch über eine Woche hier sein. In den letzten Tagen hatte ich wieder mit meinen Zähnen zu tun und mußte an einigen Tagen die Zahnstation aufsuchen. Jetzt ist aber alles wieder in Ordnung und die völlige Zahnsanierung durchgeführt.

Ein Kamerad von mir hatte auch großes Pech. Er suchte um die Heiratsgenehmigung auf und ließ sich im Lazarett einen Röntgenaufnahme der Lunge machen. Dabei wurde ein Befund festgestellt und er muß nun in eine Lungenheilstätte. Wir müssen nun in kommender Woche auch alle ins Lazarett zwecks Röntgenaufnahme, soweit wir näher mit ihm zusammen waren. Dieser Ltn. war auch mit mir zusammen auf der Waffenschule und ich habe ihn als Kamerad sehr geschätzt. Es ist noch nicht so schlimm bei ihm und mit einer einmaligen Kur hofft man die Sache auszuheilen. Vielleicht war diese Untersuchung sein Lebensretter, denn unter den nun kommenden Verhältnissen wäre er vielleicht verloren gewesen.

Von Heiner – Frkft. erhielt ich dieser Tage zum erstenmal ⌈P⌉²¹ost - einen Brief und 1 Schachtel mit 25 guten Zigaretten-. ⌈Er gl⌉aubte, ich sei im Osten, sonst hätte er mir diese vielleicht ⌈früher⌉ geschickt. Ich schreibe ihm dann die Antwort, wenn es soweit ⌈ist.⌉

Für heute grüßt Euch mit den besten Wünschen herzlichst
Euer

Willi.

Im Felde, den 6. Dezember 1941.

Meine Lieben!

Nach einer 10 tägigen Eisenbahnfahrt durch
Deutschland, Litauen, Lettland und Estland kam ich
am 26. Nov. in der Gegend südlich Petersburg an und
wurde auch dort ausgeladen. Die Einheit mit der wir
uns verladen ließen, mußte dann im Landmarsch an die
Front zwischen Tichwin[22] und Ilmensee[23]
marschieren. Mein Kdr. und ich fuhren voraus mit 2
Pkw., um uns in die neue Stellung einweisen zu lassen.
Am 28. Nov. verblieben wir dann an der Front und am
2.12., nachm. übernahm mein Kdr. dann den Befehl
über eine Art. Gruppe, zu der u. a. auch unsere
Abteilung zählt. Wir sind in einem äußerst
schwierigen Gelände eingesetzt und unser Inf. Regt.
hat auch schon in den 5 Tagen, seit denen es vorne
liegt erhebliche Verluste erhalten. Die Russen greifen
fast täglich, oftmals mehrmals an. Die Verluste der
Russen sind natürlich wesentlich höher und nach
jedem Angriff liegen sie wie geseift: Wir sind in
Abwehrstellung und haben einen Brückenkopf für eine
wichtige Vormarsch- und Nachschubstraße zu halten.
In unserem Abschnitt ist überall Sumpf.- oder
Waldgelände. Die Russen kommen auf Schleichwegen
immer wieder durch bis hinter unsere
Feuerstellungen, durchschneiden unsere
Fernsprechleitungen und legen Flugzettel an diesen
Stellen aus. Auch unsere Nachschubwege werden

immer wieder vermint. Vom einer eigentlichen Front kann man nicht reden. Überall ringsum tauchen die Russen auf, werden abgeschossen oder gefangengenommen. Nachts entkommen diese aber zumeist. Uns gegenüber steht ein neues Regt., das aus dem Ural kam und eine 5 monatige Ausbildung hinter sich hat. Es wird uns aber gelingen, auch dieses neue Regt. aufzureiben. Es hat bei dem letzten Angriff sehr große Verluste erlitten.

Mit der Kälte war es bisher noch nicht so schlimm. Erst in den beiden Tagen ist es kälter geworden. (Etwa 20°-). Schnee liegt 5-10 cm. Wir wohnen in den Häusern der Panjes[24], wo man von den Läusen und Wanzen nur so überfallen wird. Die Hauptsache aber ist, daß man warm hat.

Am 2.12. nachm. zwischen 15 u. 16 Uhr wurde ich beim Abt. Gef. Stand durch Granatenwerferbeschuß bereits verwundet. Ein Splitter schlug mir in das linke Gesäß neben dem Steißbein ein. Ein Splitter streifte auf der linken Seite an der Nierengegend die Feldbluse und einer an der Achsel., sodaß ich jeweils nur ein Loch in der Feldbluse hatte. Ihr seht, daß ich noch großes Glück gehabt habe. Auch die Rata's[25] setzen uns immer zu. Bei einem Bombenangriff hatte ich einmal mehr als Glück. Ich hatte mich auch den Boden geworfen, als die 10 kg Bombe neben mir in 8 m Entf. detonierte. Nur die Feldmütze und der Ohrenschützer flogen mir vom Kopfe. Am rechten Ohr konnte ich 1 Tag nichts mehr hören. Im übrigen war alles in Ordg.

Ich liege jetzt in einem Armeefeldlazarett zwischen Nowgorod[26] und Pleskow[27]. Der Splitter wurde bereits auf dem Hauptverbandsplatz entfernt. Ich habe eine 8 cm lange und 3 cm tiefe Wunde, die wohl bald wieder zugeheilt sein wird. Ich hoffe, bis Weihnachten wieder auf dem Abt. Gef. Stand meinen Posten ausfüllen zu können. Die ganze Post liegt nun bei der Truppe und ich erhalte keinerlei Weihnachtspäckchen, wenn ich hier bin. Die Feldp. Nr. des Laz. ist 15387[28]. Schreibt mir aber bitte an meinen alte Nr. 37134 A, denn ich weiß ja nicht, wie lange ich hier bleiben muß. Die Verpflegung im Lazarett ist sehr gut und Rauchwaren erhalte ich auch. Am heutigen Nikolaustag kommen mir Erinnerungen an meine Kinderzeit.

Falls ich nicht mehr schreibe, wünsche ich Euch heute schon ein fröhliches Weihnachtsfest.

Es grüßt Euch Alle herzlichst
    Euer Willi.

Feldpostbrief

den 27. Dez. 1941.

Meine Lieben!

Ich teile Euch mit, daß ich mich in einem Lazarett zwischen Ilmen- und Peipussee[29] befinde. Mir geht es wieder gut und ich stehe jetzt jeden Tag auf und gehe im Zimmer auf und ab. Meine Wunde hat sich gut gereinigt und heilt nun zu. Ich denke, daß ich mich bis in 14 Tagen wieder zu meiner Truppe an die Front begeben kann.

Im hiesigen Lazarett wurden wir reichlich beschenkt und es fanden schöne Weihnachtsfeiern statt.

Von Euch Allen kann ich keinerlei Post empfangen. Die letzte Post erhielt ich am Tage meiner Verwundung. Wenn ich zu meiner Truppe komme, werde ich ja alles erhalten.

Hoffentlich befindet sich nichts Verderbliches in den Päckchen.

In dem hiesigen Lazarett bin ich ganz gut aufgehoben. Es ist eine ehem. russ. Fliegerkaserne. Die Verpflegung ist sehr gut morgens Kaffee mit Butter- u. Marmeladestullen, um 10 ^{h} Bouillon, 12 ^{h} Mittagessen, 16 ^{h} Kaffee mit allerlei Schnitten, gegen 18 ^{h} Abendessen. Es gibt reichlich Butter, Wurst und Fleisch. Täglich gibt es auch einige Zigaretten und ab und zu Schokolade. Für die Kranken und Verwundeten wird gut gesorgt.

Wie geht es Euch, meine Lieben?

Ich wünsche Euch von Herzen ein gutes neues Jahr.

Herzl. Grüße und

Heil Hitler!

Euer

Willi.

Bad Doberan, den 10. Jan. 1942.

Meine Lieben!

Ich bin seit 4. d. Mts. nun in einem deutschen Lazarett[30] untergebracht. Am 29. Dez. wurde ich in einen Lazarettzug verladen und kam nach sechstägiger Fahrt hier an. Sylvester verbrachte ich also im Laz. Zug ohne besondere Feier.

Mir geht es gut und ich gehe jeden Tag spazieren. Beim gestrigen Verbandswechsel waren an meiner Wunde noch 2 kleine Stellen offen, die in einigen Tagen auch geschlossen sein werden. Die Wunde eiterte nämlich wieder und auch neben der Wunde bildeten sich kleine Geschwüre, die jetzt aber schon wieder weg sind.

Voraussichtlich werde ich Ende nächster Woche hier entlassen und meinen 14 tägigen Genesungsurlaub erhalten. Ich fahre dann von hier aus direkt nach Villingen, wo ich vielleicht schon am 18. sein kann, wenn bis dahin von der Ers. Abt. Heilbronn die Genehmigung zum Urlaub vorliegt. Über die Ers. Abt. werde ich nach Urlaubsende dann wieder an die Front zu meiner Truppe reisen.

Von Irmgard erhielt ich heute die schöne Fotografie geschickt (Vergrößerung). Ich bin ganz begeistert von diesem netten Bild. Ich muß Euch herzl dafür danken. Wie Irmgard schrieb, habt Ihr mir 1 Stück davon an die Front geschickt, wo ich es hoffentlich erhalten werde.

Wie geht es Euch, meine Lieben? Hoffentlich seid Ihr noch Alle gesund. Dem Oskar geht es ja scheinbar auch noch gut. Der Irmgard habe ich am Dienstag telefoniert. Sie war völlig überrascht.

Seid herzl. gegrüßt von

Eurem

Willi.

Auf eine frohes Wiedersehen!

Feldpostbrief
Feldpostnummer. 03840B[31]

Bad Doberan, den 13. Jan. 1942.

Lieber Heinz!

Ich danke dir für Deinen lieben Brief vom 18.11.41
recht herzlich. Leider habe ich denselben erst heute
erhalten, aber trotzdem hast Du mir damit eine ganz
große Freude bereitet.

In Rußland war es schon recht kalt und tiefer
Winter und natürlich nicht mehr so schön wie in
Frankreich. Leider habe ich Deinen Onkel Oskar nicht
getroffen, denn die Ostfront in Rußland ist groß und
Onkel Oskar ist im mittleren Abschnitt und ich war im
nördlichen Abschnitt der Ostfront.

Deine liebe Mutter wird Dir schon gesagt haben,
daß ich verwundet wurde; ich bin nun in einem
Lazarett in Deutschland und es geht mir wieder gut.
Dein lieber Vater soll Dir einmal auf der Landkarte
zeigen, wo ich jetzt bin.

Sage auch Deinen lb. Eltern, daß ich erst in der
nächste Woche hier entlassen werde, weil die Wunde
noch nicht zuheilen will.

Wenn Du mir einen Brief schreibst und dann das
Wort „vielleicht" vorkommt, dann schreib es so, wie
ich es jetzt geschrieben habe und nicht mit einem l.
Lerne und lese immer recht viel, damit Du auch einmal
ein tüchtiger Mann und Offizier werden kannst. Wenn

Du einmal groß bist, dann ist es gut, wenn du in der Schule viel gelernt hast. Sonst kannst Du nicht viel Geld verdienen und wirst ein armer Mann. Also, immer viel lernen und brav sein.

Ich sende Dir herzl. Grüße und grüße auch Deinen Kurt, Deine Schwestern Grethel[32], Christa und Irmgard von mir.

Dein Onkel

Willi.

Meine Lieben!

Leider konnte ich mich von Euch nicht mehr verabschieden, bevor ich meine Reise nach dem Süden Frankreichs zu meinen neuen Regt. antrat. Als ich am Osterdienstag aus Stgt. zurückkehrte, wurde mir die Versetzung bekanntgegeben und am Mittwoch in der Frühe trat ich dann über Vill. die Reise an, um dortselbst mein Gepäck teilweise abzustellen. Ich fuhr mit dem Berliner D-Zug, damit ich rasch nach Vill. kam, weil ich auch noch einiges zu erledigen hatte. Anderntags fuhr ich dann nach Paris weiter, um mich dort bei der Frontleitstelle – mein vorläufiges Marschziel – zu melden. In Paris weilte ich dann von Freitag bis letzten Montag Abend, weil der Frontleitstelle mein endgültiges Marschziel noch nicht bekannt war. Als ich dann erfuhr, daß ich doch nach dem sonnigen Süden kam, war ich ganz begeistert, in eine neue Gegend zu kommen. Ich bin jetzt in der Nähe von Bordeaux. Hier blüht alles und die Bäume tragen ihre volle Laub. Es ist hier wie bei Euch vielleicht im Juni die Natur aussieht. Untertags ist es aber auch recht heiß. Nach Mitternacht wird es aber immer wieder kühler durch den Einfluß des Windes vom Meer.

Ich bin noch nirgends eingeteilt und zähle vorläufig zum Regts. Stab. Wir haben hier mehr Offz. als erforderlich . Alles junge Leute. Ich habe also immer noch die Chance wieder wegzukommen, um vielleicht doch noch zu meinem alten Regt. zurückzukehren. Mir ist es zwar gleichgültig, wo ich bin, aber mein Regts. Kdr. ist nicht mein Typ. Ich hatte zwar noch nicht[k] viel mit ihm zu tun, er ist jedoch jedenfalls nicht der Mann wie es mein alter Kdr. war. Vielleicht bilde ich mir auch ein falsches Vorurteil. Bisher bin ich auf alle Fälle noch nicht begeistert.

An Oskar habe ich heute auch geschrieben.

Meine Fp Nr. ist 02956, die sich jedenfalls wieder ändert, wenn ich zu meiner Einheit, komme, aber trotzdem werde ich die Post erhalten.

Ich grüße Euch Alle herzlichst
Euer
Willi.

Herzl. Grüße an Fam. Eichholz.

O. U., den 24.4.42.

Meine Lieben!

Seit 18. d. Mts. bin ich nun wieder Abt. Adjutant bei der I. Abteilung unseres Regts. Mein Kdr. ist ein netter Herr, ein aktiver Major. Ich bin allerdings fast 2 Köpfe größer als er, aber dies tut ja nichts zur Sache. Auf jeden Fall haben wir ein gutes Verhältnis.

Ich bin jetzt in einem Ort noch etwas südlicher als vorher. Es ist ein größeres Bauerndorf in dem überhaupt nicht geboten ist. Noch nicht einmal Wein oder Schnaps gibt es hier. Wenn man auf die Höfe außerhalb geht, gibt es noch eher etwas. Dafür ist die Landschaft hier aber ganz herrlich. Lange werde ich aber voraussichtlich nicht hier sein. Parole heißt: Auf, auf zum Kampf!

Wir arbeiten mit ungeheurem Schwung. Zur Ruhe komme ich erst, wenn ich im Bett liege und dies ist immer sehr spät. Ich fühle mich dabei aber immer so sau wohl und habe lieber etwas mehr zu tun und als zu wenig.

Meine jetzige Fp. Nr. ist: 14649 A[33].

Seid Alle herzlich gegrüßt von

Eurem

Willi.

Liebe Gertrud! Wann hast Du Geburtstag? Falls er schon vorüber ist, nachträglich meine herzlichsten

Glückwünsche. Entschuldige bitte, daß ich den Tag
nicht mehr genau weiß.

Dein Schwager

Willi.

Rückseite: 9.5.42 anläßl. der Adjutanten-
besprechung in Angouleme[34]

O. U., den 18.5.42, 23 [50].

Meine Lieben!

Zunächst danke ich Euch herzlichst für Eure beiden Päckchen, den Brief und die Karte vom 3.5.42.

Mit dem Geburtstagsglückwunsch kam ich jetzt ja nun reichlich früh. Das nächste Mal weiß ich es aber, denn ich habe es mir sofort in den Kalender notiert.

Es freut mich, daß Euch der Schampus so gut geschmeckt hat. Man ist ja jetzt nicht immer so schön beisammen und dann muß das Wiedersehen auch ordentlich gefeiert werden. Leider fehlt hierzu meistens das notwendige „Material." Mit Rücksicht darauf, daß Ihr auch an mich gedacht haben, will ich diesen Raub gerne vergessen.

Das Bildchen ist ja ganz fabelhaft geworden und ich danke Dir herzl., daß Du so nett geknipst hast, wenn auch mit „Geschrei".

Über den Fliegerangriff war ich sehr gespannt und Ihr zu Hause bekommt wenigstens auch ein kleine Ahnung, wie es so ungefähr tut, wenn es kracht. Ihr müßt ja schließlich auch darin eine kleine Erfahrung gesammelt haben. Es wäre ja schade, wenn die Heimat so ganz ungeschoren davon käme, obwohl ich natürlich niemandem als Churchill[k] selbst jede Nacht einen anständigen Angriff wünsche.

In den letzten Tagen hatte ich immer sehr viel Arbeit. Jeden[k] Tag[k] Schießen oder Übung und bzw. muß ich auch meinen Bürokram erledigen, sodaß ich nie vor 24 ^{00} ins Bett kam und morgens ging es immer sehr früh heraus. Heute hatten wir unser letztes Abt. Schießen. Trotz allem bin ich aber gesund und munter und freue mich meines Daseins. Eine große Freude bereiten mir meine beiden herrlichen Reitpferde. Ihr solltet mich nur einmal damit sehen. Es sind die schönsten Pferde, die ich jemals gesehen habe. Einer davon war das auserwählte Kdr. Pferd. Er konnte es aber nicht reiten und hat es an mich abgetreten. Er ist ein wunderbarer Fuchse, Hannoveraner mit dem Namen „Unfried". Der andere ist ein Fräulein und wohl das rascheste Pferd der Abteilung. Ich habe es mir selbst ausgesucht. Ein ostpreußischer Kohlfuchs mit schöner Doppelmähne, auch ein ganz herrliches Pferd.

Nun ist auch mein Koffer bei der Feldpost heute angekommen. Morgen erhalte ich denselben.

Pfingsten werde ich auch hier verleben dürfen, bevor ich die große Reise antrete. Ich bin nun im Gesicht schon ganz braun verbrannt. Hier herrscht eine unheimliche Hitze und dabei keine Bademöglichkeiten. Mit Wasser steht es hier überhaupt sehr schlecht.

Falls Ihr von mir keine Post in nächste Zeit mehr erhalten solltet, wünsche ich Euch schon heute ein frohes Pfingstfest ohne Fliegeralarm und alles Gute.

Herzl. Grüße

Euer

Willi.

Von Frau Eichholz erhielt ich eine Karte aus Klein-Paris. Leider habe ich keine Straße u. Hausnummer, sonst hätte ich mich schont längst dafür bedankt. Auf diesem Wege bitte ich herzl. Grüße an Frau Eichholz und ihren Herrn Gemahl zu bestellen.

Willi.

Meine Lieben!

Ich sitze im Transportzug, der auf einem russ. Bahnhof unweit Charkow steht, wo wir eine Stunde Aufenthalt zur Verpflegung haben. Eine herrliche Bahnfahrt wird nun heute noch zu Ende gehen. Von Bordeaux aus fuhren wir über Tours der Loire entlang über Orleans entlang der Seine, durch das Nahetals über Bad Kreuznach, Mainz - Frkft. - entlang dem Main über Würzburg – Schweinfurt – durch das Fichtel- und Erzgebirge - entlang dem Nordrand des Riesengebirges – durch das schlesische Industriegebiet über Kiew durch die Ukraine hierher. Auf dieser Fahrt habe ich allerhand gesehen und kennengelernt. In dieser Gegend hier blüht nun auch der Flieder, das Getreide steht teilweise schon sehr hoch. In der Ukraine selbst wird der Weizen jetzt erst gesät, wie ich gesehen habe. Das Wachstum soll aber sehr rasch sein. Die Leute waren überall sehr freundlich zu mir. Ich bin froh, daß ich nicht mehr nach dem scheußlichen Nordabschnitt gekommen bin. Hier gibt es sehr wenig Wald und das Gelände ist nicht so sehr sumpfig.

Bei den kommenden großen Schlägen gegen den Russen werden wir auch ein Wort mitreden.

Alles Gute u. herz. Grüße, auch an Frau u. Herr Eichholz.

Euer Willi.

Meine Lieben!

Ich benutze einige freie Minuten dazu, um ein Lebenszeichen von mir zu geben. Seit gestern Nachmittag stehen wir im Kampf mit den Russen und schicken ihnen unsere unerwünschten Grüße.

In den letzten Tagen sind wir immer nur marschiert und jetzt sind wir schon inmittten einer großen Einkesselung begriffen. Heute früh zwischen 4 und 5 ^{00} Uhr haben wird als „Gutemorgen-Gruß" den Russen gleich 2 Batterien vernichtet, die der Inf. bisher schwer zugesetzt hatten Diese schießen nun nichts mehr.

Schlaf ist nun bei uns in Gänsefüßchen gesetzt, denn^k nachts ist immer etwas los. Heute Nacht konnte ich mich 2 Stunden legen und um 2 ^{00} ging es wieder los zur Erkundung. Um 2 ^{45} ging ein großer Angriff vonstatten, von dessen Schärfe ich noch ganz begeistert beeindruckt bin und rasch ging es vorwärts. Jetzt ist der Krieg doch schöner als im Winter bei den schrecklichen Abwehrkämpfen.

Mir geht es gut.
Herzl. Grüße u. alles Gute
Euer Willi.

Ostfront, den 7.7.42.

Liebe Eltern!

Ich stehle mir in einer kurzen Rastpause die Zeit, um Euch einige Zeilen zu schreiben.

Wir sind zwischen Charkow und Kursk in Richtung Don in Verfolgung der Russen begriffen u. wenn er sich zum Kampfe stellt schlagen wir ihm auf die Schnauze und dann marschieren wir weiter. Bei heißem Wetter verbringen wir große Märsche. In der Zwischenzeit hatten wir so allerlei persönliche Erlebnisse. Immer lief es aber glücklich ab.

Mir geht es gut. Die Verpflegung ist fabelhaft. Wir holen uns Eier, Gänse u. Hühner.

Leider habe ich keine Zeit, um mehr schreiben zu können. Von Oskar erhielt ich soeben einen Brief.

Beiliegend eine Luftpostmarke für Euch. Noch diesen Monat verwenden. Brief nicht mehr wie 10 Gramm! Aufschrift: Luftfeldpost.

Ich wünsche Euch alles Gute und grüße Euch herzlichst

Euer Sohn
Willi.

Rußland, den 9.7.42.

Meine Lieben!

Zunächst herzl. Dank für Euren lb. Brief vom 31.5.
u. die 3 Beutel. Ich habe alles in gutem Zustand
erhalten. Leider hatte ich keine Zeit, um Euch früher
schreiben zu können. Ich befinde mich im Südabschnitt
südostwärts von Charkow, noch etwa 40 km vom Don
weg. Wir haben zuerst 2 Brückenköpfe nördlich von
Charkow gebildet und verfolgen nun seither den
Russen. Parole heißt: marschieren und nochmals
marschieren, bei größter Hitze. Ich denke dabei immer
an die guten Getränke, die noch zu Hause lagern und
an ein frisches Glas Bier. Der Gedanke hieran macht
auch wieder frisch. Wie schön wäre es wieder einmal
im Zeppelinbau sitzen zu können. Dafür trinken wir
jetzt viel Milch und essen gute Hühnersuppen u. dies
fast täglich, nur unter Zigeunerkultur.
Bisher ging es mir immer noch gut. Glück muß man
natürlich immer haben u. dies hatte ich bisher, so
manche kritische Stunde habe ich hinter mir,
hauptsächlich beim Kämpfen durch die sowjetische
Verteidigungsstellung, dabei war auch die
Wochenschau einmal bei uns, also^k wir die Beob. Stelle
und den Abt. Gef. Std. in einem alten Fabrikturm
hatten, auf dem dauernd Feindfeuer lag. Mein Ldr.[35]
und ich haben dabei den Gefechtsverlauf geschildert.
Mehrere Platten wurden aufgenommen

Der Russe kämpft aber jetzt nicht mehr so erbittert; wir haben zahlreiche Überläufer. Ich habe vorgestern früh auch einen gefangen genommen, als ich mit dem B.-Krad unterwegs war. Als ich auf 50 m ran gekommen war, warf er seine Sachen weg und hielt die Hände hoch.

Bis in 4 Wochen hoffe ich an der Wolga zu stehen und dann wird für uns der Krieg mit dem Russen zu Ende sein.

Alles Gute und herzl. Grüße sendet
Euch Euer Willi.

Anmerkung am oberen Rand auf der 2. Seite, auf dem Kopf stehend:
Herzl. Grüße an Frau Eichholz.!

Anmerkung links oben im Eck auf der 1. Seite, auf dem Kopf stehend:
Augenblicklich sichern wird die westl. Flanke des Korps deshalb etwas Ruhe u. Zeit. Bisher waren wir als Stoßkeil eingesetzt.

Feldpostkarte

Rußland, 21.7.42.

Meine Lieben!

Ich liege noch am Don u. sende Euch herzl. Grüße
Es geht mir gut, bin gefräßig und munter.

Euer

Willi:

Rückseite: 23.7.42

Meine Lieben!

Vor einer halben Stunde erhielt ich Euren lb. Brief vom 4.7. sowie 3 Beutel mit guten Sachen. Alles kam sehr gut an. Herzl. Dank für Euer lb. Päckchen anläßlich meines Geburtstags. Ihr habt es wirklich gut mit mir gemeint. Meinen Geburtstag habe ich ja ganz nett im Kameradenkreis gefeiert mit der letzten Flasche Bordeaux.

Z. Zt. marschieren wir wieder u. zwar nur nachts. Dies ist für Mann u. Pferd bedeutend besser, weil es nachts immer abkühlt u. dadurch die Pferde nicht so rasch erschöpfen.

Große Sachen sind wieder im Gange u. die Heimat wird in der kommenden Woche davon hören. Nach meiner Auffassung ist der Krieg mit dem Russen bald zu Ende, weil er nicht mehr kann. Die Russen kämpfen auch nicht mehr so zäh, wie sie dies zu Beginn der Offensive taten. Wir hatten zahlreiche Überläufer. Leider kann ich Euch nicht schreiben, in welche Richtg. wir marschieren. Ihr könnt es Euch vielleicht aber auch selbst ausmalen, wenn Ihr etwas strategisch veranlagt seid, woran ich keinen Zweifel hegen will.

Es wird vielleicht mehrere Tage oder auch Wochen dauern bis wir wieder am Feind stehen. Parole heißt: marschieren!

Heute ist ja nun auch Rostow gefallen. Wir haben den Wehrmachtsempfänger u. sind über alles auf dem

Laufenden. Soeben hören wir nette Musik von Sender „Gustav"[36] (Charkow).

Einen Abt. Falken haben wir seit heute auch. Ich habe einen jungen Turmfalken ergattert, den ich mitnehmen will u. mit viel Liebe pflegen werde. Er frißt wie ein echtes Raubtier sehr gierig. Die Wurst werde ich gerne mit ihm teilen müssen. Heute hat es von mir Heuschrecken bekommen. Ein sehr schmuckes Tier.

Sonst weiß ich nichts Neues.

Mir geht es gut, wenn ich auch jeden Tag nach dem Marsch wie eine Sau aussehe voll Staub u. Dreck.

Herzl. Dank u. herzl. Grüße sendet Euch

Euer

Willi

Meine Lieben!

Nach einer kleine Pause auch wieder ein
Lebenszeichen von mir. Wir sind vom 21.-29. d. Mts.
in Nachtmärschen ohne Feindberührung marschiert,
zuerst nach Süden u. dann nach Osten in den großen
Donbogen. Am 29. mittags erhielten wir dann
während des Marsches einen Sonderauftrag, weil der
Russe von seinem Brückenkopf Raspopinskaja (Don)
aus aufgebrochen war u. eine wichtige Straße besetzt
hielt. Wir sollten in eine andere Richtung
weitermarschieren. Am selben Tag drückten wir den
Feind von der Straße zurück, - machten dabei
zahlreiche Gefangene - und am 30.7. gingen wir erneut
zum Angriff über, nahmen ihm bis gegen Abend den
14 km tiefen Brückenkopf weg u. trieben den Russen
über den Don. Die Stadt ist von uns besetzt worden u.
am Rand derselben habe ich in einem Obstgarten
meinen Gefechtsstand. Gestern haben wir viele Grüße
nach der anderen Seite gesandt u. in den frühen
Morgenstunden auch eine Fähre versenkt durch
Volltreffer, mit der er gerade Raste* aus einem
Waldstück heraus zurückbringen wollte. Unsere B.-
Stellen haben wir auf einer beherrschenden Höhe von
der wir weiten Einblick in das Feindgelände haben.
Sobald sich irgendwo etwas regt, bekommt er auf die
Schnauze. Stuka's haben uns bei dem Angriff auch
wirksam unterstützt

Hoffentlich geht es bald wieder weiter, denn unser Marschziel liegt weiter und nicht am Don.

Mir selbst geht es immer noch gut, hätte ich jede Nacht mein Bett, ein schönes Waschwasser u. etwas mehr Bier, dann wäre ich wunschlos glücklich. Auf dem Ackerboden oder im Zelt mit allem drum und dran schläft es sich aber auch ganz glänzend. Ich bin auf jeden Fall zufrieden und freue mich, wenn der Russe von uns jedes Mal abgeschmiert wird.

Es sendet Euch herzl. Grüße
    Euer
        Willi.

Protzenstllg.[37] d. Stabsbatterie v. 4.-13.8.42
in Schlucht westl. Illerskoja
Unterricht am russischen MG.

Ostfront, den 21.8.42.

Liebe Eltern!

Nach Tagen harten Kampfes will ich Euch rasch einige Zeilen schreiben.

Ich liege jetzt im nordöstlichen Teil des großen Donbogens u. habe einige harte Tage hinter mir. Im Wehrmachtsbericht war ja des öfteren von diesen Kämpfen die Rede, sodaß ich Euch nichts weiter mitteilen brauche. Unsere Stellung hier ist etwas beschissen, weil wir von 2 Seiten flankierendes Feuer erhalten u. der Russe ab u. zu vorn und hinten durchbricht, aber immer wieder zurückgewiesen wird. Wir sollen den Feind hier längere Zeit halten und dann werden wir auch wieder marschieren, wenn bis dahin für uns an einer anderen Stelle ein großer Erfolg gebucht werden kann. Wenn es soweit ist, gibt es wieder eine große Sondererklärung.

Seit 3 Tagen haben wir etwas Regenwetter, allerdings mit wenig Regen. Dadurch ist es nun nicht mehr so heiß und für uns erträglicher.

Mir geht es immer noch gut u. bin gesund u. munter. Mir fehlen nur süße Sachen u. vor allem Obst. Hier ist die Landschaft so schwermütig durch die großen Weiten ohne Strauch u. ohne Bäume, nur Ödland u. Getreidefelder.

Von Euch habe ich schon lange keine Post mehr erhalten. Habt Ihr mir geschrieben u. vielleicht sind die Briefe noch unterwegs? Auch warte auf die kg-Pakete. Das 1. muß doch bald kommen.

Lb. Mutter? Nun hast Du ja wieder sicherlich viel Arbeit, weil Ludwig mit seiner Familie da ist. Du machst ja alles gerne mit großer Liebe.
Nur sollst du Dir jetzt nicht mehr soviel Arbeit machen. Ludwig's Familie wird es ja gut tun, wenn sie wieder etwas Schwarzwaldluft genießen kann.

Von Oskar erhielt ich am 17.7. einen Brief.
Ich habe ihm wiederholt geschrieben. Hoffentlich schreibt er mir bald wieder. Damals ging es ihnen ja sehr gut in der schönen Feuerstellung.

Mir selbst geht es immer noch gut.

Ich wünsche Euch von Herzen alles Gute und grüße Euch aus weiter Ferne herzlichst.

Euer dankbarer Sohn
Willi.

Meine Lieben!

Gestern Abend erhielt ich gleich 3 Päckchen von Euch mit dem Brief vom 5. d. Mts. Habt herzl. Dank dafür. Es kam alles gut an und dem gesamten süßen Zwieback habe ich gleich auf einen Schlag gegessen. Man sehnt sich sosehr nach etwas Süßem. Die Wybert[38] kann ich auch gut gebrauchen, denn diese sind auch gut für den Durst. Heute regnet es zum erstenmal nach langer Zeit. Nun wird wenigstens die Luft wieder einmal staubfrei; aber hoffentlich scheint auch bald die Sonne wieder, denn für die gegenwärtigen Operationen ist Regen nicht günstig, da auf den Straßen sonst wieder alles liegen bleibt. Ich befinde mich immer noch im großen Donbogen u. unser Korps hat den Auftrag die Nordflanke der Armee für Stalingrad zu sichern. Der Russe hat diese wichtige Stellung schon längst erkannt und greift täglich mit guten Divisionen u. Pz an. Wir haben ihm schon schwere Schläge erteilt. Für uns ist die Stellung hier sehr nervenaufreibend. Seit 8 Tagen habe ich heute Nacht zum erstenmal wieder ausgiebig geschlafen. Was ich in den letzten Tagen erlebt habe, möchte ich hier nicht schreiben und werde Euch dies anläßlich eines gesunden frohen Wiedersehens erzählen. Der Russe hat uns jedenfalls schwer zu schaffen gemacht u. war auch mehrfach durchgebrochen. Was dies bedeutet, kann nur derjenige sagen, der es mitgemacht hat.

Heute Nacht war es nun endlich einmal wieder ruhig u. ich konnte ausgiebig schlafen. Gestern hat uns die Luftwaffe sehr unterstützt. Heute verstärkte sich der Feind aber schon wieder in unserem Abschnitt. Wir warten auf den Tag, wo er hier völlig vernichtet u. eingekesselt wird. Nun werden die Nächte auch schon sehr kalt u. das Schlafen auf freiem Feld oder im Zelt ist schon etwas unangenehmer geworden. Dies macht aber nichts; wir werden solange kämpfen bis der Russe aufgibt oder geschlagen ist.

Die Sache mit Lehmann[39] usw. ist ja wieder einmal eine richtige Schandtat. Hoffentlich hat man alle Beteiligten schon gehängt. Eine bessere Strafe verdienen derartige Burschen gegenwärtig nicht.

Am 17. d. Mts. habe ich die Ostmedaille erhalten, die ja Oskar auch erhalten wird und vorgestern erhielt ich vom Regts. Kdr. das E.K. II angeheftet. Ich habe mich sehr gefreut und bin auch stolz darauf, denn bei uns gibt es kein E. K. ohne besondere Tapferkeit.

Also A, B u. C. habe ich erhalten.

Wie geht es eigentlich Euch, meinen Lieben? Ihr seid ja, wie ich wohl annehme, alle noch gesund und munter. Leider habt Ihr kein schönes Urlaubswetter gehabt, wie ich dies Euch gewünscht hätte.

Ich bin immer glücklich u. froh, wenn ich Post erhalte. Von den Eltern habe ich schon längere Zeit nichts mehr empfangen. Für die älteren Leute ist es auch anstrengend, Briefe zu schreiben.

Von Oskar habe ich auch längere Zeit nichts mehr erhalten. Die werden wohl ihre ruhige Stellung halten.

Ich wünsche es Oskar auch. Er hat ja im letzten Jahr so allerhand mitgemacht.

Ich hoffe, daß es in diesem Jahr auch wieder Studiumurlaub gibt und dann werde ich mich bemühen, daß es klappt. Die Bescheinigung für die Zulassung habe ich schon in Besitz, damit ich dann gleich mit dem Urlaubsantrag starten kann, wenn es soweit ist.

Ich bitte Euch, einen herzl. Gruß an Frau Eichholz zu übermitteln.

Mit den besten Wünschen grüßt Euch herzlichst
    Euer
        Willi.

Ostfront, den 3.9.42.

Meine Lieben!

Ich weiß heute nichts Neues zu berichten. Wir
liegen immer noch in der alten Stellung im großen
Donbogen. Der Druck des Feindes hat seit 2 Tagen
merklich nachgelassen und es ist in unserem Abschnitt
sehr ruhig geworden. Nach Gefangenenaussagen sind
die 3 Elitedivisionen, die uns gegenüberlagen
abgezogen nach Stalingrad und jetzt liegt uns 1 stark
angeschlagene Division gegenüber, die uns nicht
unbekannt ist aus den Verfolgungskämpfen. Stalingrad
wird ja nun bald fallen müssen.

Ich hätte nur 1 Bitte. Im nächsten Monat oder
übernächsten muß ich mit der Beförderung zum
Oberltn. rechnen. Schickt mir daher bitte 6 Sterne
(golden) in einem kleinen Päckchen. Nach Hause oder
der Irmgard will ich hierwegen nicht schreiben, sonst
ist es für sie keine Überraschung mehr. Also besorgt
mir diese Kleinigkeit bitte. Ich werde dies bei nächster
Gelegenheit wieder gutmachen.

Im übrigen geht es mir immer noch gut und bin
gesund u. munter. Mit Rauchwaren bin ich vorläufig
gut versorgt und eingedeckt. Behaltet also bitte die
wenigen Zigaretten, die Ihr erhaltet für Ludwig auf,
Wenn ich Mangel habe, schreibe ich dann schon gerne
darum. Vorläufig also herzl. Dank hierfür.

Jetzt haben wir seit 3 Tagen auch schon wieder
sonniges Wetter, nachdem es vorher 2 Tage lang

geregnet hatte. So warm ist es jetzt nicht mehr. Es geht ein kühler Wind.

Wir hausen auf öden Bergen ohne jeglichen Bewuchs in unseren Stellungen, die wir nun als Winterstellungen ausbauen sollen. Heizmaterial gibt es weit und breit keines. Da müssen wir schon in entfernt gelegenen Ortschaften die Häuser abbauen. Hoffentlich bleiben wir nicht hier.

Ein Funke Hoffnung habe ich auch noch:

„Studiumurlaub"!!

Seid herzl. gegrüßt von

Euerem

Willi

Ostfront, den 3.9.42.

Liebe Eltern!

Wie geht es denn Euch? Ich habe ja schon so lange
keine Nachricht mehr von Euch erhalten. Schreibt mir
doch bitte auch einmal wieder. Lb. Mutter! Du bist
scheinbar sehr schwer krank gewesen, wie ich erfahren
habe. Ich bin nun aber froh, daß Du wieder gesund
bist. Deshalb konntest du mir jedenfalls auch nicht
schreiben. Hoffentlich geht es jetzt wieder gut. Am
Sonntag Abend habe ich von Irmgard das kg-Paket
erhalten, worin auch von Euch Zigaretten waren.
Herzl. Dank dafür.

Neues kann ich nicht schreiben. Ich befinde mich
immer noch in der oberen Stellung im großen
Donbogen und seit 2 Tagen hat der Druck des Feindes
völlig nachgelassen. Es ist in unseren Abschnitt völlig
ruhig, außer Art. Feuer, aber dies auch nur schwach.
Nach Gefangenenaussagen kommen die 3
Elitedivisionen, die uns gegenüberlagen weg nach
Stalingrad und jetzt liegt uns eine alt bekannte
Division gegenüber, die wir in den früheren Kämpfen
schon ordentlich abgeschmiert haben. Diese wird froh
sein, wenn wir ihr nichts tun.

Unsere Stellungen befinden sich auf öden Bergen
ohne Bewuchs. Weit und breit kein Baum. Hoffentlich
bleiben wir hier nicht hängen.

Ich habe ja noch Hoffnung auf Studiumurlaub.

Mir selbst geht es immer noch gut und bin gesund u. munter.

Herzl. Grüße u. die beste Wünsche von Eurem dankbaren Sohn

Willi.

Don, den 17.9.42.

Liebe Eltern!

Herzl. Dank für Euren lb. Luftpostbrief vom 4. d.
Mts., den ich vorgestern erhalten habe.

Wie ich daraus ersehe, seid Ihr beide noch gesund
u. darüber freue ich mich am meisten. Das Kilopaket
vom 31.8. wird unterwegs sein u. ich werde dasselbe
bestimmt noch erhalten. Schickt mir bitte nun keine
Rauchwaren mehr, sondern behaltet dieselben zurück
bis ich in den Prüfungsurlaub komme anfangs
Dezember. Ich rechne damit, daß es in diesem Jahr
bestimmt einmal klappen wird. Schade, daß Oskar
nicht auch kommen kann. Er ist ja nun auch an einer
Stelle (Rschew), wo es etwas lebhafter zugeht. Schickt
mir ab 10. Okt. bitte keinerlei Päckchen mehr, denn
sonst bin ich weg, bis diese eintreffen. Ich nehme an,
daß ich Mitte November hier weg kann.

Es ist recht, wenn Ihr viel Gemüse u. Kartoffel
habt, denn hiernach sehne ich mich am meisten.
Kartoffel habe ich schon längere Zeit keine mehr
gegessen, weil hier außer Steppengras nichts wächst.
Ich hätte es mir auch nicht träumen lassen, daß Ihr in
Eurem Alter nochmals Ährenlesen gehen müßt. Es ist
doch Zeit, daß der Krieg bald sein glückliches Ende
nimmt.

Die Bombardierung von Karlsruhe habe ich s. Zt.
auch im Wehrmachtsbericht gehört. Die Engländer

sollen ja auch sehr wirksame Bomben haben. Aber einst kommt der Tag der Rache!

Ich liege immer noch in der oberen Stellung am Don in Verteidigung und es ist jetzt sehr ruhig geworden. Der Russe hat seine Angriffsdivisionen hier weggezogen u. nach Stalingrad gebracht. Stalingrad wird ja nun in einigen Tagen fallen. Der Rest unserer Armee ist ja von Nordwesten her gegen Stalingrad vorgestoßen u. befindet sich dort in heftigen Kämpfen. Die Truppen sind nun aber schon in der Stadtmitte. Mit Stalingrad fällt für uns eine große Entscheidung. Der Russe hat dort alles auf eine Karte gesetzt und nichts wird entweichen können, sondern der Vernichtung entgegen gehen.

Ein Heiratsgesuch habe ich noch nicht gestellt, sondern nur die Absicht dazu. Hierüber können wir uns ja dann noch im Urlaub unterhalten. Es ist ja schon an der Zeit, daß man in dieser Hinsicht einmal etwas tut, denn so langsam werde ich nun auch 30. Während des Prüfungsurlaubs muß ich ja kommen. Ich habe so gedacht, daß ich vielleicht anschließend Heiratsurlaub erhalten könnte. Oskar müßte dann aber auch da sein. Die Papiere für das Heiratsgesuch werde ich jedenfalls einstweilen beschaffen, denn für Offiziere ist es schwierig, bis man alles beisammen hat. Macht Euch nun aber vorläufig keine Gedanken darüber.

Irmgard hat mir die Bescheinigung der Schule in Karlsruhe geschickt per Luftfeldpost. Dieselbe war innerhalb 7 Tagen hier, am 9. abends abgeschickt u.

gestern Abend hier. Die Luftpost ist doch nun eine feine Einrichtung für die Front.

Während der letzten 3 Tage war es hier schon ganz anständig kalt u. besonders nachts im Zelt. Es herrschte ein rauher Nordwind. Heute haben wir wieder schönes warmes Wetter, weil sich der Wind nun wieder gedreht hat. Herrn Keudl habe ich heute auch geschrieben, nachdem ich lange Zeit kein Lebenszeichen mehr von mir gab.

Ihr habt nur auch sehr wenig geschrieben u. ich vermisse auch noch Luftpostbriefe. Ich habe Euch meines Wissens doch schon einige Marken geschickt. Vielleicht sind die Briefe auch verloren gegangen.

Heute machen wir noch Stellungswechsel an den rechten Flügel unserer Division und werden unseren Gefechtsstand II dann in einem Häuschen beziehen.

Nun kann ich weiter nichts mehr berichten, als daß ich noch gesund u. munter bin und mich nun auf eine baldiges gesundes Wiedersehen u. den Prüfungsurlaub freue. Ich wäre ja dann an Weihnachten u. Neujahr zu Hause.

Herzl. Grüße und alles Gute!
Euer dankbarer Sohn
Willi.

Ich habe insgesamt RM 400,- an die Sparkasse überwiesen. Laßt bitte das Sparbuch nachtragen.
W.

Liebe Eltern!

Ich sitze gerade im Abt. Gef. Stand, den wir jetzt in einem behaglichen Häuschen haben, und will Euch einige Zeilen schreiben.

Es geht mir immer noch gut u. bin gesund.

Von Irmgard erhielt ich heute den Luftpostbrief, vom 16. d. Mts., worin auch Eure Gratulation zu meiner kleinen Auszeichnung enthalten ist und ich möchte Euch hierfür herzlich danken. Ich bin auch sehr stolz auf mein E.K.II, denn ich habe es auch verdienen müssen.

Heute habe ich auch mein Gesuch wegen des Prüfungsurlaubs eingereicht. Es wurde befürwortend weitergeleitet und ich rechne schon heute 100%ig auf Urlaub und freue mich, Euch, liebe Eltern, recht bald gesund u. froh wiedersehen zu dürfen. Bestimmt Ende November aber spätestens anfangs Dezember werde ich bei Euch sein. Allerdings muß ich dann gleich nach Karlsruhe. Jeden Sonntag werde ich aber bei Euch sein, um bei Euch wieder einmal essen zu können. Ich stelle keine großen Ansprüche. Kartoffelpuffer und Kuchen zum Kaffee muß es aber geben. Mit vereinten Kräften geht ja viel zu machen. Man sehnt sich sosehr nach süßen Sachen. Nur fehlt der Zucker und deshalb immer das Verlangen nach etwas Süßem und nach Kuchen.

Der Irmgard habe ich auch geschrieben wegen der Papiere, die ich für den Antrag zur Heiratsgenehmigung benötige. Evtl. werde ich den Antrag noch einreichen, solange ich noch hier bin, falls ich bis dahin die Papiere von Irmgard habe. Bis die Genehmigung dann erteilt wird, dauert es mindestens 3-4 Monate und dann hat die Genehmigung 1 Vierteljahr Gültigkeit. Ob und wann ich dann heirate, werden wir dann im Urlaub besprechen. Es hängt auch davon ab, ob ich Heimaturlaub erhalte und dann möchte ich gerne haben, daß auch Oskar da ist. Also meine Lieben, macht Euch hierüber keine Sorgen. Im Urlaub werden wir dieses Problem nochmals in aller Ruhe besprechen. Ich möchte dann ja auch meine eigene Wohnung haben. Nun Schluß mit diesem Kapitel.

Am 1. Okt. bin ich nun auch schon wieder 2 Jahre Leutnant u. erhalte ab diesem Tag auch eine Lohnzulage. Ab. 1. Okt. erhalte ich nette 194 RM monatlich. Dann stelle ich mich monatlich mit meiner Löhnung u. Kleidergeld zusammen auf RM 351,-. Eine ganz nette Summe. Jeden Monat schicke ich M 100 bis 150,- an die Sparkasse. Jetzt habe ich schon 500 RM weggeschickt. Mein Sparkonto wird ganz gut aussehen. Für die Dauer meines Urlaubs erhalte ich allerdings keinerlei Bezüge, auch kein Gehalt.

Ich habe Herrn Reichl schon wegen einer Unterstützung seitens der Stadtverwaltung geschrieben, damit mein Sparkonto nicht zu sehr in Anspruch genommen werden muß. Die Stadt hat ja bisher keine Unkosten mehr für mich gehabt und wenn ich keinen Antrag auf Wehrmachtsbesoldung gestellt hätte, so hätte mir die Stadt die ganze Zeit schon das Gehalt zahlen müssen. Die Stadt muß mir also dankbar sein, daß ich nicht Uffz. geblieben bin. Es besteht auch eine entsprechende Verordnung bezgl. der Förderung des Prüfungsurlaubs. Mir selbst geht es immer noch glänzend und in den letzten Tagen haben wir sogar Rotwein u. Sekt - je 1 Flasche u. Ltr. pro Mann - erhalten. Es wird also alles für uns getan.

Am Freitag u. Samstag letzter Woche war bei uns auch wieder einmal ein größeres Abwehrgefecht. Der Russe hat mit Panzer u. Infanterie angegriffen und war schon in unsere H. K. L eingedrungen. Nachts machten wir einen Gegenstoß und mit großen Verlusten wurde der Feind wieder zurückgedrängt. Seither herrscht nun wieder Ruhe. Es liegt uns jetzt wieder eine Garde-Division gegenüber, die vorübergehend weggezogen worden war. Es sind alles Leute, die als Fallschirmjäger ausgebildet sind u. gut ausgerüstet und uns an Kampfstärke überlegen. Wenn der Russe ab u. zu eine auf die Schnauze erhält, dann ist er wieder für einige Zeit zufrieden.

Wir haben jetzt immer herrlich warmes Wetter. Jeden Tag scheint die Sonne herrlich und hoffentlich auch solange bis Stalingrad völlig in unserer Hand ist.

Ich sende Euch nun herzliche Grüße aus weiter Ferne.

Euer dankbarer Sohn
Willi.

Meine lb. Eltern!

Eure liebe Grüße aus der Heimat und das Kilo-Päckchen vom 31.8. habe ich vorgestern Abend erhalten. Ich danke Euch herzlich dafür. Die Brötchen waren so gut, daß heute keine mehr davon vorhanden sind. Ganz gierig ißt man derartige Sachen hinunter, weil uns diese eben fehlen. In unserem täglichen Essen ist eben doch nicht alles enthalten, was der Körper braucht. Ganz besonders fehlt uns der Zucker. Trotzdem sind wir aber immer zuversichtlich und stets guten Mutes. Hoffentlich ist Vater von Hausach mit Erfolg zurückgekehrt. Die Ernte soll in diesem Jahr in jeder Beziehung gut ausgefallen sein u. hoffentlich wird der Winter nicht streng, dann können wir mit guter Hoffnung in das kommende Jahr schauen.

Gestern erhielt ich auch einen Brief von Ludwig, 1 von Herrn Reichl, 3 Päckchen mit 1 Brief von Gertrud und 1 Päckchen mit Zigaretten von Onkel August. Ich war also am gestrigen Sonntag reichlich mit Post beschert. Onkel August geht es noch gut und Ihr sollt auch wieder einmal etwas von Euch hören lassen. Von Oskar hätten sie auch gerne einmal Post.

Mit meinem Urlaub wird es nun klappen, falls der Feind bis dahin keinen Strich durch die Rechnung macht. Ich werde der einzige Offizier der Abt. sein, der Urlaub erhält. Die anderen hatten im letzten Winter schon u. deshalb wurde er abgelehnt. Im übrigen ist jetzt auch der Erholungsurlaub im größerem Rahmen aufgegangen. Von unserer Abteilung dürfen im kommenden Monat 44 Mann in Urlaub fahren. Bis zum Bahnhof ist ein Omnibusverkehr für die Urlauber eingerichtet. Bis zum Omnibus müssen unsere Leute per Panjewagen 18 km fahren. In 2 tägiger Bahnfahrt geht es dann zu den[m] größeren Bahnhof, wo der Urlaubszug wegfährt, der einen bis ins Reich -Berlin oder München- bringt. Glänzend, was? Vielleicht kommt Oskar auch wieder auf Urlaub.

Es freut mich sehr, daß Ihre beide noch gesund seid. Nun steht es mit den Lebensmittelmarken ja auch wieder besser -Brot und Fleisch-!

In unserem Abschnitt ist es verhältnismäßig immer noch sehr ruhig. Auf unseren Beob. Stellen bin ich noch garnicht gewesen, weil ich z. Zt. mit der Anlage von großen Stellungsplänen und mit Schreibarbeiten beschäftigt bin. Solange es so ruhig ist, kann ich auf unserem Gef. Stand mehr tun.

Die Verpflegung ist bei uns jetzt auch wieder wesentlich besser geworden. Schlecht war diese aber noch nie. Z. Zt. erhalten wir reichlich Schmalz u. Marmelade zum Frühstück. Brot ist immer reichlich vorhanden. Auch das Mittagessen ist ganz vorzüglich. Abends gibt es Wurst, Käse oder Fische. Manchmal auch warme Suppe. Ihr seht, es geht mir nicht schlecht und ist mir auch noch nie schlecht gegangen. Wein und Schnaps sind allerdings selten und trotzdem soll es übermorgen pro Mann 1 Ltr. Wein geben!!

Ihr zu Hause werdet Euch auch immer noch so leidlich durchschlagen, denn mit Butter usw. wird es nicht allzu rosig aussehen. Solange man aber noch Kartoffel u. Brot hat, geht es immer. Ich bin nur froh, daß Ihr beide noch gesund seid und Sorgen sollte Ihr Euch wegen Oskar und mir keine machen.

Wir haben in unserem behaglichen Häuschen sogar Licht (ein Beleuchtungsgerät mit Batterie) und einen Wehrmachtsempfänger. Ich bin also auf dem Laufenden. Auch Musik kann ich täglich hören.

Nun will ich schließen und sende Euch herzliche Grüße von der Donfront.

Euer dankbarer Sohn

Willi.

Meine Lieben!

Herzl. Dank für den lb. Brief vom 3. d. Mts. und die
3 Beutel mit köstlichem Inhalt. Alle kamen gut an.
Ferner herzl. Dank für den Luftpostbrief vom 17.d.
Mts., den ich gleichzeitig vorgestern erhalte durfte.
Auch dem Heinz möchte ich für seine Zeilen auf
Irmgard's Brief danken.

Eure Zulassungsmarken für Päckchen schicke ich
keine mehr ab, weil es zeitlich nicht mehr reicht, da ich
voraussichtlich in Prüfungsurlaub komme. Bis jetzt
hatte ich erst 3 Marken erhalten und von Irmgard und
den Eltern ja 1 Paket erhalten. Das 3. wird noch
unterwegs sein. Die andere Marke habe ich noch in
Besitz u. werde diese für später aufheben.

Den schönen Falken habe ich leider nicht mehr. Im
Verlauf unseres weiteren Vormarsches ist mir das
schöne Tier eines Morgens entflogen und wollte nicht
mehr zurück Ich hatte einen großen Spaß an dem
netten Kerl. Leider ist er nun weg.

In der Zwischenzeit werdet Ihr ja nun auch wieder
Post von mir erhalten haben und wißt, daß ich nicht
unmittelbar an den Kämpfen in Stalingrad beteiligt
bin. Ich wußte, daß Oskar bei Rschew ist, denn er hat
mir sogleich geschrieben.

Es ist ja viel wert, daß dieses Jahr die Ernte so gut
ausgefallen ist, denn jetzt glaube ich nicht mehr, daß
der Krieg mit dem Russen noch zu Ende geht, solange

wir 1942 schreiben, obwohl er durch Stalingrad sehr geschwächt sein wird und er dort mit einer Zähigkeit kämpft, wie man es vom Russen bisher nicht kannte. Vom Fall Stalingrad's hängt für den Russen doch sehr viel ab, es ist der entscheidende Eckpfeiler an der Südfront und nach siegreicher Beendigung der Schlacht erhoffen wir eine große Frontverkürzung, die sich auch für uns günstig auswirken wird.

Wir rüsten uns zwar hier schon für den Winter ein und der Russe scheint auf seiner Seite auch das Gleiche zu tun. Im übrigen ist es im allgemeinen hier im Donbogen jetzt ruhig. Am letzten Freitag und Samstag hatten wir wieder einmal zu tun. Der Russe hat nachts, mit zahlreichen Pz. unterstützt, angegriffen und war schon in unsere Stellung eingedrungen. Im Nahkampf mit Handgranaten und [..]digten[40] wir die Beob. Stelle. Im Gegen-[..] [...]de der Russe dann wieder zurückgeworfen. [...]anzer und zahlreiche Tote bedeckten das kleine Gefechtsfeld. Wenn er ab und zu eine auf die Schnauze erhält, ist der Russe wieder für einige Zeit zufrieden. Auch ein Kommissar mußte bei dem Kampf sein Blut lassen.

Ziemlich bestimmt werde ich nun Ende November oder anfangs Dezember 2 ½ - 3 Monate nach Karlsruhe in Prüfungsurlaub kommen. Ich werde der einzige Offizier der Abt. sein, dem dieses Glück beschieden ist, denn die anderen waren im letzen Jahr schon und wurden deshalb abgelehnt. Ich freue mich hierauf sehr, daß ich nun endlich einmal auch beruflich etwas vorwärtskomme.

Bei uns ist das Wetter auch noch ganz herrlich und warm. Auch die Nächte sind wieder warm geworden. Dieses Wetter ist aber für die Kriegführung auch unbedingt notwendig. Hoffentlich ist der Petrus jetzt auf unserer Seite und bereitet uns einen milden Winter.

Mir selbst geht es immer noch gut und in der gegenwärtigen Stellung kann [...] aushalten, wenn man nicht an die St[...] die uns umgibt.

Nochmals herzl. Dank für Eurek lb. Post.

Hoffentlich erreichen Euch diese Zeilen bei bestem Wohlergehen.

Es grüßt Euch herzlichst
Euer
Willi.

Donfront, im Okt. 1942.

Lieber Ludwig!

Meine heutigen Zeilen sollen besonders Dir, lieber
Bruder gelten, da Du am 19. d. Mts. Deinen 38.
Geburtstag feiern kannst. Ich möchte diese
Gelegenheit wahrnehmen, um Dir zu diesem Tag
meine herzlichsten Glückwünsche auszusprechen u.
hoffe u. wünsche, daß Du denselben im Kreise Deiner
lb. Familie bei voller Gesundheit Aller freudig
begehen kannst.

Entschuldige bitte, wenn dieser Brief leider etwas
verspätet dort ankommt. Ich konnte leider nicht früher
schreiben, weil ich seit 10 Tagen an einer
Darminfektion erkrankt bin und mehrere Tage Fieber
hatte. Heute ist es mir zum erstenmal wieder besser
und mein erstes ist, Dir zu schreiben. Ich bin auch hart
an einer Gelbsucht vorüber gegangen. Gefahr besteht
allerdings immer noch. Infolge Erkrankung an
Gelbsucht, Ruhr, Nierenentzündung, allerlei Fieber,
hatten wir in letzter Zeit große Ausfälle, die beinahe
beängstigende Formen angenommen haben. Die
Steppe des Donbogens ist eine heimtückische Gegend.
Es treten hier mehr Krankheiten wie in Afrika auf und
die Ärzte stehen oft vor einem Rätsel, weil über dieses
Gebiet keine Forschungsergebnisse vorliegen.

An Offz. haben wir drh. Krankheit nun auch 3
verloren. Im Abt. Stab sind nur der Kdr. und ich,
wobei ich gleichzeitig die Stabsb. führe, in der Battr.

sind noch 1 bzw. 2 Offz. Mein Studiumurlaub hängt nun davon ab, ob noch mehr Offz. krank werden u. evtl. manche auch wieder zurückkommen. An und für sich ist mein Urlaub sonst genehmigt und könnte bis in 4 Wochen losfahren.

Es ist ein Elend, wenn man diese Erkrankungen in der Truppe jetzt sieht. Die Leute haben bis jetzt durchgehalten und nun werden sie von solchen Krankheiten befallen. Kaum ein Soldat ist vorhanden, der noch völlig gesund ist. Ein jeder hat etwas u. trotzdem muß die Stellung gehalten werden und wird auch gehalten werden.

In unserem Abschnitt war es auch in den letzten Tagen verhältnismäßig ruhig.

Nochmals die besten Wünsche für Dich und Deine lb. Familie und grüße bitte alle recht herzlich von mir.

Herzl. Grüße

Dein Bruder

Willi.

Donfront, den 19. Okt. 1942.

Liebe Eltern!

Heute will ich Euch auch wieder einige Zeilen
mitteilen, nachdem ich in den letzten Tagen an einer
Darm-Infektion gelegen hatte. 5 Tage lang hatte ich
Fieber und vom 8.-17. d. M. habe ich gelegen. Jetzt
fühle ich mich völlig wohl und bin wieder auf dem
Damm und die Zigarre schmeckt mir jetzt auch
wieder.

Heute Abend erhielt ich auch einen Brief von
Oskar. Es geht ihm noch gut und in seinem Abschnitt
ist es nun scheinbar auch ruhig geworden. Nur haben
sie jetzt ihre Stellung in einem sumpfigen Gelände uns
schon seit längerer Zeit Regenwetter.

Bei uns hier ist es auch immer noch ruhig. Seit
heute haben wir nun schlechtes Wetter. Es regnete
und schneite den ganzen Tag durcheinander. Ein
regelrechtes Hundewetter.

Stalingrad wird ja nun in den nächsten Tagen
fallen und dann wird diese größte aller Schlachten eine
gewisse Entscheidung auch an unserer Front hier
bringen. Viele erwarten sogar vom Fall dieser Stadt
die Entscheidung hier im Osten und den
Zusammenbruch der roten Armee. Entsprechende rote
Befehle lassen auch hierauf schließen.

Heute in 4 Wochen werde ich hoffentlich schon die
Reise zu Euch angetreten haben. Ich freue mich sosehr
darauf und hoffentlich wird es auch wahr. Gerne esse

ich einmal wieder grünen Salat und Kartoffeln. Bei uns gibt es keine Kartoffeln, nur Hülsenfrüchte und Dörrgemüse und da freue ich mich sehr auf einige gute Kartoffeln und Salat. Sonst brauche ich nichts dazu. Aber Kartoffelpuffer möchte ich auch einmal haben. Ich bekomme ja Schwerarbeitszulage und da bleibt schon etwas Fett für derartige Zwecke übrig. Liebe Mutter! Du brauchst Dir also keine Sorgen zu machen, verwöhnt bin ich in Rußland nicht worden, höchstens bezgl. der Hühnersuppen. Aber dies ist ja auch nur noch ein Traum. Ich esse nach wie vor alles, was auf den Tisch kommt und weiß auch den jetzigen Verhältnissen Rechnung zu tragen. Aber bei Muttern war es noch nie schlecht.

Ich hoffe und wünsche nur, daß ich Euch auch bei voller Gesundheit antreffen darf und dann ist alles in Ordnung.

Wenn ich ja dann ab 1. Dez. in Karlsruhe bin, kann ich ja nur noch Samstags und Sonntags kommen. Der Lehrgang beginnt ja nun auch erst am 1. Dez., wie mir Herr Riedl mitgeteilt hat.

Ich sende ~~ich~~k Euchk die besten Wünsche und viele herzl. Grüße.

Euer dankbarer Sohn

Willi.

Meine Lieben!

Zunächst meinen allerherzlichsten Dank für die lb. Päckchen und Briefe; besonderen Dank Dir, liebe Schwägerin, für Deine lieben Zeilen und all die guten Sachen. Ich war mehr als überrascht, als ich gestern mit der Post gleich 5 Beutel u. 1 Päckchen von Euch erhielt, nachdem ich 4 Tage zuvor 1 Beutel schon erhalten hatte, indem allerdings 2 weitere angekündigt waren. Als ich dann aber gleich 6 Päckchen erhielt, war ich sprachlos. Die Post hat es nun eben mal so eingeteilt, daß die Sendungen zusammen hier ankamen. Es war alles noch gut und kam unversehrt an.

Mir selbst geht es jetzt wieder sehrgut, nachdem ich die Krankheit gut überstanden habe.

Auch in unserem Kampfabschnitt herrscht im allgemeinen Ruhe, von kleinen alltäglichen kurzen Gefechten abgesehen. Krachen tut es immer wieder und wir leisten auch das Unsrige. Aber dies hört man ja alles nicht mehr, wenn es nicht zu mehr kommt.

Eine andere Sache ist nun, daß mein Studienurlaub ins Wasser fiel, weil zurfolge höheren Befehls die Ostfront keinen Studienurlaub erhalten kann. Nur die Besatzungstruppen in der Ukraine usw. kommen noch in Frage. Ich hatte mich sogleich damit abgefunden, nachdem es höherer Befehl ist. Wenn dies dann die Lage erfordert, dann tun wir gerne hier unsere Pflicht.

Ich hätte als einziger Offz. des Regm. diesen Urlaub erhalten, weil die anderen schon im letzten Winter Urlaub für Studienzwecke hatten. Nun ist es eben so gekommen und deshalb lasse ich mir die gute Stimmung noch lange nicht nehmen. Wir stehen eine Woche am Don und warten dann auf das Frühjahr, das uns wieder neues bringen wird.

Der Erholungsurlaub ist aber offen und ich kann mitteilen, daß ich voraussichtlich anfangs Dezember in der Heimat eintreffen werde, falls alles „planmäßig" verläuft. Augenblicklich führe ich ja nebenbei noch die Stabsbatterie und der Führer derselben kommt Mitte oder gegen Ende kommenden Monats aus dem Urlaub zurück und dann soll ich fahren, falls keine sonstigen Veränderungen eintreten. Bei uns muß ja immer eine Tür offen bleiben, durch welche alles mögliche kommen kann.

Hoffen wir, daß es wenigstens mit dem Erholungsurlaub klappt.

Ich möchte nur einmal für einige Tage ein normales Essen haben, obwohl die Verpflegung bei uns nicht schlecht ist. Unser Lkw. war 120 km rückwärts und hat heute Kartoffeln gebracht. Es war für mich ein Fest, heute Abend nun gleich Pellkartoffeln auf dem Tisch zu haben. Man wird hier zum anspruchslosesten Menschen, den es überhaupt gibt. Solange nur aber die Zigarre schmeckt und die Pfeife raucht, ist alles in Ordnung.

Mit dem Wetter hatten wir bisher Glück. Es war immer noch schön, nachts allerdings unter Null Grad

Temperatur. Jetzt scheint aber Schlechtwetter in Aussicht zu stehen, auch für uns hier in der Steppe.

Anbei noch die gewünschte Päckchenmarke. Ich hätte diese schon länger geschickt, wenn nicht der „Studienurlaub" gewesen wäre. Aber bitte das Päckchen erst Ende November wegschicken, sonst kommt es in meinem Urlaub.

Ich hoffe, daß Euch diese Zeilen bei voller Gesundheit erreichen und grüße Euch Alle recht herzlich.

Euer

Willi.

Ein gesundes frohes Wiedersehen!

Rußland, den 9. Nov. 1942.

Meine Lieben!

Wieder einmal ein kleines Lebenszeichen von mir. Es geht mir noch ausgezeichnet und fühle mich wohl. In unserem Abschnitt herrscht nach wie vor im allgemeinen Ruhe und unsere Stellungen sind nun soweit ausgebaut, daß der Russe jederzeit kommen kann. Im Abschnitt unserer beiden rumänischen Nachbardivisionen hat er in letzter Zeit wieder Angriffsvorstöße gemacht. Wehrmachtsbericht vom 8.11.! Wir lagen bisher an jener Stelle, haben aber den Russen dort immer gründlich abgeschmiert.

Das Wetter ist hier immer noch wunderbar, nur daß wir morgens seit 3 Tagen minus 10° haben. Untertags scheint aber die Sonne; für Sonnenbäder reicht sie allerdings nicht aus, denn ein scharfer Ostwind bläst über die Steppe. Mit Winterbekleidung sind wir gut eingedeckt. In diesem Jahr wurde vorgesorgt, um eine erneute Katastrophe zu vermeiden. Auch hat man in der Verteidigung eine andere Taktik eingeschlagen, um unliebsamen Vorkommnissen vorzubeugen.

Ich werde voraussichtlich über Weihnachten und Neujahr zu Hause sein. Den Urlaub habe ich mir so gelegt, daß ich Mitte nächsten Monats dort eintreffe und dann wieder anfangs Januar (4. oder 5.) von zu Hause wegfahre. Ich freue mich sosehr auf diesen Urlaub und mein Kdr. hat sich auch damit

einverstanden erklärt falls keine Offz. Verluste bis
dahin eintreten, werde ich am 7. Dezember hier
wegfahren Die Fahrt bis nach Villingen wird etwa 8
Tage in Anspruch nehmen, wenn es mit den
Zugverbindungen klappt. Sonst kann man auch länger
unterwegs sein.

Gestern Abend hörten wir auch die Führerrede aus
München. Die Amerikaner und Engländer werden uns
in franz. Nordafrika wohl nicht sehr willkommen sein.
Es wird wohl für uns dort eine zweite Front
notwendig werden, falls diese Truppen sich in ostw.
Richtg. bereit machen. Wenn die Amerikaner einmal
in Tunis sind, können sie unserer Armee in Afrika
gefährlich werden. Der Krieg wird hierdurch jedenfalls
immer mehr in die Länge gezogen.

Wie geht es eigentlich Euch, meine Lieben?

Ich hoffe, daß Ihr noch Alle gesund und munter
seid. Was macht die kleine Irmgard? Das Mädchen*
wird wohl nun auch bald springen können. Leider
kann man jetzt zu dieser Zeit den lb. Kindern keinerlei
Freude machen, wenn man in Urlaub kommt.
Hoffentlich kommen auch mal wieder andere Zeiten.
Für Kinder wird es sicherlich doch jetzt keinerlei
Spielsachen mehr geben und für die größeren auch
keine Bücher. Die Eltern haben es jetzt doch mehr
schwer, an Weihnachten den Kindern eine Freude zu
bereiten. Da wird man eben oft auf alte Spielsachen
zurückgreifen müssen.

Jetzt ist es 14 ¹⁵ Uhr und die Dämmerung bricht schon herein. Gleich sehe ich nichts mehr an meinem Fenster.

Z. Zt. lege ich mich so gegen 19 ⁰⁰ auf die Falle und morgens um 5 ⁰⁰ geht es wieder raus. Um 5 ³⁰ scheint hier schon wieder die Sonne. Um 11 ⁰⁰ essen wir zu Mittag und um 16 ⁰⁰ wird das Abendessen eingenommen. So ist bei uns der Tageslauf.

Nun grüße ich Euch Alle herzlichst in der Hoffnung auf ein baldiges frohes Wiedersehen.

Euer Willi.

Rußland, den 9. Nov. 1942.

Liebe Eltern!

Ich teile Euch mit, daß es mir noch gut geht und
frohen Mutes bin.

In unserem Abschnitt ist es auch weiterhin ruhig
gewesen. Nur bei der Division links von uns hat es der
Russe in den letzten Tagen wieder einmal versucht.
(Wehrmachtsbericht von gestern!).

Das Wetter ist hier immer noch wunderbar, die
Sonne scheint jeden Tag. Nur haben wir seit 3 Tagen
morgens 10 Grad Kälte bei scharfem Nordostwind. Es
ist aber zum Aushalten. Diese trockene Kälte ist ganz
gesund. Schnee haben wir noch gar keinen und hier
wird es wohl auch nicht viel Schnee geben.

In diesen Tagen erhielt ich nun auch das Kilo-
Päckchen von Irmgard vom 22.9. Es war lange
unterwegs, ist aber trotzdem gut hier angekommen.

Voraussichtlich werde ich nun doch über
Weihnachten und Neujahr in Urlaub kommen. Ich
werde es mir so einteilen, daß ich Mitte Dezember
dort eintreffe und am 4. oder 5. Januar wieder
wegfahre. Ich glaube bestimmt, daß es so zum Klappen
kommt. Mein Kdr. ist jedenfalls damit einverstanden
und falls keine Ausfälle an Offz. bis dahin eintreten,
dann bin ich über Weihnachten und Neujahr bei Euch.
Ich freue mich sosehr auf diesen Urlaub, wie noch
keinem zuvor. Ein Eßpaket mit Zucker, Mehl, Butter
usw. werde ich dann ja auch mitbringen. Das Paket ist

15 Pfund schwer. Die zurückgekehrten Urlauber hatten eine große Freude als sie diese Geschenk erhielten.

Gestern Abend hörten wir auch die Führerrede aus München.

In Nordafrika wird es wohl für uns nun auch wieder eine neue Front geben, nachdem die Amerikaner dort gelandet sind. Der Krieg zieht sich dadurch auch wieder mehr in die Länge.

Habt Ihr meine beiden Päckchen schon erhalten, die ein Urlauber mitnahm? Ich brauche dringend 2 Hemden und noch 1 Unterhose, nachdem 2 Hemden zerrissen sind. Ich werde mir diese Sachen dann aus dem Urlaub mitnehmen. Meine Socken sind soweit noch in Ordnung.

An Winterbekleidung habe ich jetzt auch eine Pelzweste mit Ärmeln und einen gefütterten Übermantel. In dieser Hinsicht sind wir gut versorgt.

Mehr Neues weiß ich Euch nicht mitzuteilen.

Ich grüße Euch herzlich, in der Hoffnung auf ein baldiges gesundes Wiedersehen.

Euer dankbarer Sohn
Willi.

Rußland, den 11.11.1942.

Meine lb. Eltern!

Euren Luftpostbrief vom 29. v. Mts. habe ich erhalten und danke Euch herzlichst dafür.

In der Zwischenzeit werdet Ihr ja auch erfahren haben, daß es mir gesundheitlich wieder ausgezeichnet geht und ich wieder voll und ganz auf dem Damm bin. Ebenso werdet Ihr meinen Brief erhalten haben, indem ich mitgeteilt habe, daß der Studienurlaub ins Wasser gefallen ist und ich aber mein Erholungsurlaub erhalte. Die Weihnachtspäckchen schickt bitte ruhig ab und die Marken hierfür habe ich abgesandt. Ihr könnt bestimmt annehmen, daß ich an Weihnachten bei Euch sein werde. Mein Abt. Kdr. ist hiermit einverstanden. Mitte Dezember treffe ich dort ein. Sollten die Päckchen hier an Weihnachten eintreffen und ich bin zu Hause, so bleiben diese eben hier liegen bis ich Mitte oder anfangs Januar wieder zurückkomme und der Inhalt wird mir dann auch noch schmecken.

Ich bedaure es sehr, daß Ihr jetzt noch soviel arbeiten müßt, wo Ihr es jetzt so schön haben könntet, wenn wir alle zu Hause wären und vielleicht schon verheiratet. Es freut mich aber, daß Ihr immer noch so gesund seid. Dies ist doch ein großer Trost für uns Söhne hier draußen.

Bei uns ist es immer noch sehr ruhig im Abschnitt. Heute Vormittag machte unsere Inf. ein Stoßtrupp.

Unternehmen, das wir unterstützten und die schweren feindl. Waffen niederhielten. 4 feindl. Bunker wurden gesprengt, Maschinengewehre und Granatwerfer erbeutet und 3 Gefangene eingebracht. Außerdem erlitt der Russe hierbei 15-20 Tote. Leider ist der Stoßtruppführer selbst, ein junger Leutnant, durch eine fdl. Kugel, als der Stoßtrupp schon zurückkam und die eigene Linie erreicht hatte, schwer verwundet worden und gleich darauf gestorben. Sonst hatte es bei der Sache keinerlei Verluste gegeben.

Nachts und besonders morgens ist es jetzt schon außerordentlich kalt. Das Thermometer hat immer zwischen minus 10 und 20 Grad. Ein scharfer Ostwind bläst den ganzen Tag. Mit Winterbekleidung sind wir aber sehr gut eingedeckt. Nur macht die Beschaffung von Heizmaterial hier in der Steppe auch Schwierigkeiten.

Ich wünsche Euch alles Gute und sende Euch herzl. Grüsse.

Ein frohes baldiges Wiedersehen!

Euer dankbarer Sohn
Willi.

Rußland, 15.11.42.

Meine Lieben!

Die angekündigten 3 Beutel kamen vorgestern hier an. Herzl. Dank hierfür, ebenso für den lb. Brief vom 23.10.42.

Der Inhalt hat gut geschmeckt und ist bereits restlos verzehrt.

Am heutigen Sonntag ist der Himmel bei uns vollkommen bedeckt und schneite ganz schwach. Viel Schnee soll es hier nicht geben, denn die Gegend gilt an und für sich schon als sehr niederschlagsarm.

Mir geht es noch gut und kann Euch nichts mehr Neues berichten. Hoffentlich klappt es mit meinem Erholungsurlaub.

Für die Grüße von Frau Eichholz herzl. Dank. Dieselben werden bestens erwidert.

Voraussichtlich muß ich also nun am 7. Dez. hier weg, wenn keine neuen Hindernisse mehr entstehen.

Es grüßt Euch Alle recht herzlich
Euer
Willi.

Rußland, 9. Dez. 1942.

Meine lb. Eltern!

Mein heutiger Brief geht an Euch, meine lieben
Eltern, aber auch gleichzeitig auch an meine liebe
Irmgard, denn diese Briefe sind gezählt und niemand
darf mehr als einen jeweils schreiben. Es ist jetzt 17 ⁴⁰
und seit 14 ⁴⁵ ist es draußen dunkel. Mein Kdr. hat sich
soeben zur Ruhe gelegt und ich muß noch für ein
Unternehmen von 20 ⁰⁰ bis 20 ¹⁵ Uhr das Feuer leiten;
anschließend werde ich mich auch hinlegen und den
Telefonapparat wie jede Nacht neben mich hinstellen.
Wie ich bereits in meinem Brief vom 3. d. Mts. an
Irmgard schrieb, befinde ich mich seit 24. d. Mts.
zwischen Don und Wolga, d.h. an der Westfront von
Stalingrad. Daß unsere Armee eingeschlossen ist und
einen Igel um Stalingrad herum bildet, ist ja Euch zu
Hause auch kein Geheimnis mehr. Der
Wehrmachtsbericht gab dies ja auch bekannt. Es ist
kein Verschulden unserer Armee, daß wir
eingeschlossen sind, sondern unser Nachbar konnte
dem Druck der Russen nicht standhalten. Der Feind
kam uns in den Rücken und wir waren eingeschlossen.
Es gelang uns noch über den Don zu kommen und mit
unserer Armee zusammen einen Abwehrriegel zu
bilden, der allen bisherigen heftigsten Feindangriffen
standhielt. Heldenmütig kämpft seither unsere Armee
um ihren Bestand und Stalingrad halten wir bis unsere
Befreier kommen, die vom Führer entsandt sind und

denen wir hoffentlich bald die dankbare Hand reichen dürfen. Diese gegenwärtige Schlacht hier und unser Standhalten läßt eine Entscheidung im Kriege mit Rußland erhoffen. Sie wird die russische Armee hier vernichten. Der Feind hat hier sein Letztes eingesetzt, um uns von der Wolga wegzubringen und unsere Armee zu vernichten. Das Gegenteil wird nun eintreten. Der Führer hat uns gleich versprochen, uns zu befreien. Seit 2 Wochen verteidigen wir in rastlosem erbittertem[k] Einsatz unser Leben und bald werden wir wieder frei sein. Furchtbare und kritische Stunden und Tage habe ich hinter mir. So auch der gestrige Tag. Heute hatten wir einen erneuten schweren Angriff erwartet, der vom Feind befohlen war, aber ausblieb, weil er gestern durch unsere Abwehr derartig hohe Verluste erlitt, daß er sich heute erst wieder neu ordnen und verstärken mußte. Zahlreiche Feindpanzer liegen abgeschossen im Gelände umher, von den Toten möchte ich garnicht schreiben. Auch unsere Verluste an Menschenleben sind in diesem Kampf selbstverständlich hoch. Aber sie müssen gebracht werden und es gilt die Front zu halten, denn alles steht hier auf dem Spiel, vielleicht sogar das Kriegsende mit Rußland. Unsere Versorgung geschieht ausnahmslos durch die Luft. Die Ju 52 bringen uns Munition und Verpflegung. Eine volle Verpflegung ist selbstverständlich unter diesen Umständen nicht möglich und trotzdem ist sie noch gut. Schokolade erhalten wir sehr viel. Lieber weniger Brot und immer genügend Munition, dann halten wir aus. Noch einige Tage, dann sind wir frei und können mit großem Stolz und Ehrfurcht an diese Abwehrkämpfe zurückdenken. Augenblicklich haben wir den Gefechtsstand in einem kleinen wenig gemütlichen Unterstand, sind aber glücklich wenigstens diesen zu haben. Gestern Mittag fiel auch der Kdr. des Inf. Regts., mit dem wir z. Zt. zusammenarbeiten, Ritterkreuzträger Oberst Chrobek[41]. Er ist auch vielen seines Regts. gefolgt

Gesundheitlich geht es mir sehr gut und mit Rauchwaren sind wir glänzend versorgt. Ich rauche z. Zt. mehr denn je. Post sollen wir nun auch wieder ab und zu durch die Luftpost erhalten. Allerdings nur Briefpost. Seit 21. Nov. habe ich nun keine Post mehr erhalten. Ich hätte auch seither keine Zeit gehabt, um diese aufmerksam zu lesen. Ich nehme jedenfalls an, daß bei Euch zu Hause noch alles in bester Ordnung ist, und Ihr alle gesund und munter seid und in der Hoffnung auf ein baldiges gesundes Wiedersehen mit uns hier draußen ein nettes Kriegsweihnachten feiert. Im nächsten Jahr werden wir hoffentlich wieder alle beisammen sein dürfen, und dann einmal feiern wir wie noch nie.

Macht Euch also keine Sorgen meinetwegen, mir geht es gut. Euch meinen lieben Eltern, sowie meiner lb. Irmgard mit Eltern sende ich die allerherzlichsten Grüße und die besten Wünsche. Grüßt mir auch bitte Ludwig mit seiner Familie. Ich werde auch wieder dorthin schreiben, sobald die Feldpost dies erlaubt.

Nochmals herzl. Grüße

Euer dankbarer Sohn
Willi.

Meine Lieben!

Ein herrlicher Sonntag ist heute angebrochen,
völlig wolkenlos, die Sonne lacht herunter auf den 10
cm hohen Schnee und auch unsere Lage ist scheinbar
seit heute Nacht eine sonnigere. Mir geht es glänzend
und fühle mich sehr wohl, nur die Läuse sind lästige
Einquartierer.

Es wird Euch bekanntgeworden sein durch die
Villinger, daß ich mich seit 23. d. Mts. nicht mehr im
großen Donbogen, sondern im Kessel in Stalingrad
befinde. Nicht durch unsere Schuld wurde unsere
Armee eingeschlossen, indem der Feind uns in den
Rücken kam. Unser A. K. war zunächst im Donbogen
eingeschlossen. Es gelang aber uns, über den Don uns
durchzuschlagen, um dann zu unserer Armee in den
Kessel von Stalingrad zu stoßen, um gemeinsam gegen
den Russen eine starke Abwehrfront zu bilden. Unser
A. K. alleine wäre sonst bestimmt vernichtet worden.
Übermorgen sind es nun 3 Wochen, seitdem wir im
Kessel um Stalingrad sitzen und diese strategisch
wichtige Stellung gegen stärkste fdl. Angriffe mit
zahlreichen Panzern verteidigen. Heldenmütig wird
gekämpft und die Stellung trotz größter Verluste
gehalten. Es ist ein Kampf auf Leben und Tod. Die
schlimmsten Tage sind scheinbar hinter uns, denn seit
heute muß der Russe bereits Truppen hier wegziehen
und es ist ihm nicht gelungen, sein Ziel zu erreichen,

das heißt uns im Kessel zu vernichten. Zahlreiche abgeschossene Feindpanzer sind Zeugen unseres tapferen Standhaltens. Es gab nur eine Lösung entweder Tod oder Leben. Nun werden die kommenden Tage für uns hoffentlich ein Aufatmen ermöglichen, in denen wir uns vorbereiten können auf die Bewegung nach außen, um den Feind hier zu vernichten. Es wird eine ganz große Sache werden und den Feind vernichtend treffen. Unsere Befreier sind im Anmarsch[42] und bald wird sich der Ring um uns öffnen.

Wir werden vollständig aus der Luft versorgt mit Munition und Verpflegung. Die Verpflegung ist den Verhältnissen entsprechend immer noch gut, wenn auch das Brot etwas knapp geworden ist. Dafür erhalten wir aber zusätzliche Verpflegung in Form von Schokolade oder Fruchtschnitten. Post erhalten wir jetzt auch wieder in kleinen Mengen, allerdings nur Luftpost. Ich erhielt bis jetzt 2 Briefe, davon einen von Irmgard vom 14. d. Mts. Päckchen können nicht gebracht werden. Diese erhalten wir aber später. Die Weihnachtspäckchen werden wir bestimmt erhalten, wenn auch vielleicht 4 Wochen später.

Bis jetzt konnte ich Euch nicht schreiben, weil wir immer jeweils nur einen Brief schreiben dürfen, damit es für die Flugzeuge nicht zuviel wird. Bis jetzt habe ich 1 Brief an Irmgard, 1 an die Eltern und nun den 3. an Euch geschrieben.

Als Gefechtsstand haben wir unglaublich einen primitiven Unterstand. Nur dem Zufall haben wir es zu verdanken, daß bis jetzt noch keine Stalinpost uns erreicht hat, vor und hinter den Bunker ist schon manches gefallen, sodaß im Bunker alles voll Staub u. Dreck war und die Gegenstände runter fielen. Sonst ging es bis jetzt aber gut. Unsere Verluste an Menschenleben sind leider sehr hoch. Die Abt. hat 3 Offiziere verloren, davon 2 tot u. 1 schwer verwundet. Auch zahlreiche Uffz. u. Mannschaften sind gefallen oder verwundet. Es waren erbitterte Kämpfe.

Nun wünsche ich Euch frohe Feiertage und ein gutes Neues Jahr.

Es grüßt Euch herzlichst

Euer

Willi.

der Fam. Eichholz viel Glück im neuen Jahr.

W.

Abt. Gef. Std., 31.12.42.

Meine lieben Eltern!

Am heutigen Sylvestertag möchte ich auch wieder
einige Zeilen an Euch, meine lb. Eltern, richten.

Ich hoffe, daß Ihr die Weihnachten gesund und
munter verbracht habt und auch den heutigen Abend
als Abschluß des alten Jahres und zur Willkommung
des neuen Rahmens* feierlich begeht. Hoffentlich habt
Ihr hierzu meinen „Kellerbestand" auch etwas
angegriffen. In den Geschäften wird es ja sicherlich
keinen Wein mehr geben. Zum heutigen Abend hat
uns der Regt. Kdr. für den Kdr. und mich 1 Flasche
Rotwein und 1 Flasche Schnaps zugesagt. Ihr seht
also, selbst im Kessel wird noch gefeiert, wenn es der
böse Feind erlaubt. Leider kann für unsere Leute
nichts ausgegeben werden, weil nichts vorhanden ist.
Ich werde aber mit Marketenderwaren, die ich noch
zur Verfügung habe, Zigaretten und Zigarren
ausgeben lassen. Weihnachten haben wir auch den
Umständen entsprechend gefeiert. Der Russe hat uns
über diese Tage doch in Ruhe gelassen. Zum Hlg.
Abend konnten Schokolade und eine größere
Brotportion sowie Rauchwaren ausgegeben werden.
Jeden Unterstand zierte ein Ast von Föhren,
geschmückt mit Silberpapier und einer Kerze.

Mein Kdr. und ich saßen in einem größeren Bunker
dann mit unseren Uffz. zusammen und feierten den
Hlg. Abend. Auch die beiden Feiertage verliefen ruhig

und im Zeichen der Weihnachten. Am 1. Feiertag war es auch möglich mit dem Kdr. und dem Arzt zusammen eine Flasche Rotwein zu trinken, die wir auch vom Regt. geschenkt bekamen.

Im übrigen hatten wir seit Montag wieder lebhafte Tage, besonders am Montag. Heute war es nun zum erstenmal wieder etwas ruhiger. Ich bin immer froh, wenn das Gewitter immer wieder gut vorübergeht. Der Russe versucht uns mit allen Mitteln mürbe zu machen. Gelingen wird ihm dies aber nie, solange wir Munition und Brot haben.

Leider erhalten wir nun seit 10 Tagen keinerlei Post mehr. Woran dies liegt, weiß ich nicht. Unsere Weihnachtspäckchen sollen ja außerhalb des Kessels aufgestapelt sein. Diese werden wir hoffentlich auch noch erhalten. Gerne hätten wir zu Weihnachten wenigstens Post gehabt. Ich wohne z. Zt. mit meinem Kdr. in einem kleinen Bunker, der auch etwas kalt ist, wenn nicht geheizt wird. Holz kann aber immer wieder herbei geschafft werden. Er ist sehr klein und als Mitbewohner haben wir auch noch Mäuse. Auch von Läusen sind wir unter diesen Umständen nicht verschont geblieben und im Tagesprogramm steht die Entlausung an erster Stelle. Mit den Fingernägeln werden diese Plagegeister zerdrückt unter einem kleinen Knall. Mein Hemd konnte ich seit 6 Wochen nicht mehr wechseln. Dies macht aber nichts, man gewöhnt sich an alles und mit der Kultur ist hier draußen ohnedies nicht weit her.

Von Oskar habe ich seit langem auch nichts mehr gehört. Was schreibt er Euch eigentlich? Hoffentlich geht es ihm noch gut. Bei ihm dürfte es ja seit langem wieder ruhig sein und schöne Bunker haben sie ja auch, wie er damals schrieb.

Wir warten nun immer noch auf unsere Befreier und hoffentlich kommen diese bald, dann haben wir es auch wieder gut. Augenblicklich ist unsere Verpflegung nicht besonders, aber trotzdem noch ausreichend.

Seit 3 Wochen liegt hier etwa 10 cm Schnee. Neuer kam nicht mehr hinzu. Der Winter ist doch nicht so streng wie im Norden. Über die Feiertage hatten wir allerdings morgens auch so minus 20° Grad. Jetzt haben wir aber nicht mehr so kalt.

Über all meine Erlebnisse hoffe ich, Euch doch möglichst bald mündlich berichten zu können. Daß ich das E.K. I erhielt, wird Euch Irmgard schon mitgeteilt haben.

Mir geht es noch gut, bin gesund und munter.

Nachträglich nochmals ein recht gutes Neues Jahr, vor allem Gesundheit und Wohlergehen.

Herzl. Grüße sendet Euch

Euer dankbarer Sohn
Willi

Prosit Neujahr!

Nachwort

Weitere Briefe von Willi Layer sind nicht erhalten und hat es vielleicht auch nicht gegeben. Was meinem Großonkel nach dem 31.12.1942 widerfuhr, ist bislang nur im Groben bekannt.

Im Jahr 2016 habe ich über die Bundesarchiv, Abteilung Militärarchiv in Freiburg einen Hinweis erhalten. Auf der Karteikarte des Wehrmachtskommando V, Wehrbezirkskommando Donaueschingen, ist handschriftlich vermerkt, dass Willi seit dem 1.1.1943 als vermisst bei Stalingrad galt.

Bereits am 17.10.1948 hat das Bürgermeisteramt eidesstattlich erklärt, dass Willi Layer am 16.4.1943 in Jelabuga im Lager 97 b an Fleckfieber gestorben ist.

Das UdSSR Exekutiv-Kommittee der Allianz der Gesellschaften vom Roten Kreuz und Roten Halbmond teilte dem Suchdienst des Roten Kreuzes am 14.06.1989 jedoch mit, dass Willi Layer bereits am 7.4.1943 verstorben und auf dem Lagerfriedhof Nr. 97 in Jelabuga /Tatarischen ASSR beigesetzt ist. Diese Angaben sind auch beim Volksbund Deutsche Kriegsgräberfürsorge e.V. hinterlegt.

Im August 2014 haben mein Vater und ich an einer Reise des Volksbundes Deutsche Kriegsgräberfürsorge teilgenommen. Unter der Führung von Dr. Karl

Schillinger haben wir u.a. mehrere Friedhöfe des Volksbundes an der Wolchowfront besucht und sind dabei auch auf dem Kriegsgefangenenfriedhof von Welikije Luki gestanden. Aus der Gedenkansprache von Dr. Schillinger möchte ich zitieren:

„Der Tod dieser Gefangenen muss als besonders schmerzlich empfunden werden, denn sie hatten den Kampf überlebt, sie hatten auch den ersten kritischen Moment der Gefangennahme überlebt, was nicht selbstverständlich war. Denn es kam leider nicht selten vor, dass die Rotarmisten deutsche Soldaten, die überwältigt worden waren oder sich ergeben hatten, nicht am Leben ließen. Entweder aus Rache oder weil sie im Fortschreiten des Angriffs sich nicht mit ihnen abgeben konnten oder wollten. Grundsätzlich aber bedeutete Gefangenschaft Leben, auch wenn das meist nur ein armseliges Leben war."

Von den über 3 Millionen deutschen Soldaten, die in sowjetische Gefangenschaft gerieten, sind ca. 36% umgekommen. Diese Zahl ist sehr hoch; das Los der russischen Soldaten in deutscher Gefangenschaft allerdings ist noch erschreckender. Hier haben von den 5,7 Millionen gefangengenommenen Soldaten ca. 57% nicht überlebt.

Auch mein Großonkel hat die Gefangenschaft nicht überlebt. Er starb wenige Wochen nach Beginn seiner Gefangenschaft. Ergänzend möchte ich auf die Erzählung von Ernst Priebatsch, der in Stalingrad am

30.1.1943 gefangen genommen wurde, verweisen. Von ihm stammt ein Bericht in "Im Kessel. Erzählen von Stalingrad" von Carl Schüddekopf.

"In Jelabuga kamen ungefähr achtzehnhundert Offiziere an und wurden im ehemaligen Kloster untergebracht, wo alle krank wurden. Das Fleckfieber begann. Dutzende starben täglich und man lag dabei Mann an Mann, jeder hatte sechzig Zentimeter. Die Jungen, die Achtzehn-, Neunzehnjährigen, und die Älteren sah ich zuerst sterben. Ende April waren von den achtzehnhundert noch vierhundert am Leben."

Mein Großonkel Willi Layer ist auf dem Kriegsgefangenenfriedhof in Jelabuga begraben. Seine Asche ist im Grab 109. Wir haben sein Grab nach Ende unserer Reise mit dem Volksbund besucht. Es ist die "letzte irdische Unterkunft meines Großonkels", wie Evgenia, eine Mitarbeiterin des Museums in Jelabuga, das auch den Friedhof betreut, mir geschrieben hat. Dank dem Einsatz unserer Stadtführerin Leysan gelang es uns auch, beide früheren Kriegsgefangenenlager, das Kama-Lager, in dem vor allem Offizieren aus Stalingrad waren, und das Klosterlager zu betreten.

Der Aufenthalt in Jelabuga mit der Besichtigung der beiden Gefangenenlager und dem Besuch des Grabes waren für mich ein wichtiger und richtiger Abschluss für die jahrelange Beschäftigung mit den Briefen meines Großonkels.

Dokumente

Abschrift der eidesstattlichen Erklärung

Abschrift.

Bürgermeisteramt   Weitingen, den 17.Oktober 1948.
    Weitingen
(Kreis Horb)

Eidesstattliche Erklärung.

Ich erkläre an Eidesstatt, dass der ehemalige Oberltn.d.R.
beim I/A.R-376

                    Willi Layer

geb. am 11. Juli 1911 in Mannheim, wohnhaft in Villingen,
schwerm. am 16. April 1943 in Jelenogo , Orterei UdssR im
Lager 97 b an Flackfieber gestorben ist.
                        gez. Hans Fischer
                        ehem.Hadln. b.I./A.R.376
                        wohnhaft in Weitingen

Die Echtheit der vorstehenden heute vor mir vollzogenen Unter-
schrift des mir persönlich und als geschäftsfähig bekannten
Hans F i s c h e r beglaubige ich hiermit öffentlich.
            Weitingen, den 17.1o.1948.
            Kro.Horb N.W.

                    Bürgermeister und Ratschreiber:
            (Siegel.)
                        gez. Unterschrift.

            ––––––––––––––––––

Die Übereinstimmung vorstehender Abschrift mit der Urschrift
wird hiermit beglaubigt.
            Villingen, den 18. Oktober 1948.

                    Oberbürgermeister:
                    im Auftr.

Todesanzeige

✝ Nach langem, bangem Warten und Hoffen auf ein baldiges Wiedersehen, erhielten
wir durch einen Heimkehrer die
traurige Gewißheit, daß unser
lieber Sohn, Bruder, Schwager,
Onkel und Bräutigam

Willi Layer
Oberleutnant d. Res.
Stalingradkämpfer

nie mehr zu uns zurückkehren
wird. Er starb an schwerer
Krankheit im Lager Jelabuga/
Rußland im April 1943 im Alter
von 29 Jahren. Sein sehnlichster
Wunsch, seine Heimat und seine
lieben Angehörigen wieder zu
sehen, ging nicht in Erfüllung.
Villingen, im Januar 1949.

In stiller Trauer: Ludwig
Layer und Frau Margaretha;
Ludwig Layer jr u. Familie,
Stuttgart; Oskar Layer; Irm-
gard Spraul.

Trauergottesdienst findet statt
am Sonntag, den 16. Jan. 1949,
in der evgl. Kirche um 10.45 Uhr

Abschrift der Auskunft des Sowjetischen Roten Kreuzes

Abschrift der Auskunft des Sowjetischen
Roten Kreuzes mit Übersetzung

СССР

ИСПОЛНИТЕЛЬНЫЙ КОМИТЕТ ОРДЕНА ЛЕНИНА
СОЮЗА ОБЩЕСТВ
КРАСНОГО КРЕСТА И КРАСНОГО ПОЛУМЕСЯЦА

Москва, К-31, Кузнецкий мост, д. 18/7

Телефон 221-71-75

При ответе ссылайтесь
На наш №

Москва, 14 июня 19 89 г.

Служба Розыска Красного Креста
Федеративной Республики Германии

"Л а й е р, Вилли, сын Людвига, 1914 г. р., лейтенант.

Умер 7 апреля 1943 года.

Похоронен на кладбище лагеря № 97
г. Елабуга/Татарская АССР."

С уважением
подписал: В. Фатюхина
Начальник Управления по Розыску
Исполкома СОКК и КП СССР

UdSSR

EXEKUTIV - KOMITEE
DER ALLIANZ DER GESELLSCHAFTEN VOM ROTEN KREUZ UND ROTEN HALBMOND
INHABER DES LENINORDENS

Moskau, K-31, Kusnerkij most Nr. 18/7

Telefon 221-71-75

Bei Antwort Bezug nehmen
auf unsere Nr.

Moskau, 14. Juni 1989

An den Suchdienst des Roten Kreuzes
der Bundesrepublik Deutschland

"L a y e r, Willi, Vorname des Vaters: Ludwig, geb. 1914, Leutnant.

Verstorben am 7. April 1943.

Beigesetzt auf dem Lagerfriedhof Nr. 97
in Jelabuga/Tatarische ASSR."

F.d.R.d.A.u.O.

München, den 24.11.1989
fr

Hochachtungsvoll
gez.   W. Fatjuchina
Leiter des Suchdienstes des Exekutivkomitees
der Allianz der Gesellschaften vom Roten Kreuz
und Roten Halbmond der UdSSR

V 163   III. 72

Karteikarte aus der Kartei „Beförderungen der Kriegsreserveoffiziere"

Karteikarte aus der „Abgangskartei II"

Name: Layer, Willi			Geburtsdatum 11.7.14	Nr. 5792/81
(Vor- u. Zuname)				
Dienstgrad Oblt.d.R.	Dob. Truppenteil: Letzter Feldtruppenteil:	Art.Rgt.376 Donaueschingen		N. D. V.
gefallen: wann		wo		
verwundet: wann		wo		
"		"		
"		"		
"		"		
"		"		
vermißt: wann 1.1.43		wo Stalingrad		
gefangen: wann		wo		
verschollen: wann		wo		

Information des Volksbund Deutsche
Kriegsgräberfürsorge e.V.

Willi Layer

Willi Layer ruht auf der
Kriegsgräberstätte in Jelabuga.

Endgrablage: auf diesem Friedhof

Nähere Informationen zu diesem Friedhof
erhalten Sie hier.

Name und die persönlichen Daten des
Obengenannten sind auch im Gedenkbuch der
Kriegsgräberstätte verzeichnet. Sie können gerr
einen Auszug bei uns bestellen.

Bitte beachten Sie, dass auf einigen Friedhöfen
nicht die aktuelle Version ausliegt, somit kann
der Name Ihres Angehörigen darin evtl. noch
nicht verzeichnet sein.

Nachname:	Layer
Vorname:	Willi
Dienstgrad:	Leutnant
Geburtsdatum:	11.07.1914
Geburtsort:	Mannheim
Todes-/Vermisstendatum:	07.04.1943
Todes-/Vermisstenort:	Im Kgf.Lag. 97 b in Jelabuga

Inschrift an einer der Stelen auf dem Kriegsgefangenenfriedhof in Jelabuga (Tatarstan)

Mein Vater und ich am Grab meines Großonkels
Willi Layer am 21. August 2014 in Jelabuga (Tatarstan).

Chronik

Ungefährer Zeitraum	Örtlichkeit und Lage
26.08.1939 bis 08.10.1939	Einberufung zum **Artillerie-Regiment 215** in Heilbronn, dann Ruhestellung in Flehingen
10.09.1939 bis 26.09.1939	Westwall: Ausbildung
09.10.1939 bis 11.11.1939	Westwall zwischen Rastatt und Karlsruhe
12.11.1939 bis Januar 1940	Umgebung Flehingen
Januar 1940	Westwall: Zwischen Zweibrücken und Saarbrücken
26.01.1940 bis 03.02.1940	Westwall: Umgebung Landstuhl/Pfalz
04.02.1940 bis 20.03.1940	Großsachsen an der Bergstraße
21.03.1940 bis 02.04.1940	Westwall
03.04.1940 bis 01.06.1940	Offiziersanwärterlehrgang in Olmütz (Tschechei) Artillerie Ersatz Abteilung 215
02.06.1940 bis ca. 21.08.1940	Hauptlehrgang in Pilsen (Tschechei) und Abschluss zum Wachtmeister
Ca. 22.08.1940 bis 18.10.1940	Ludendorffkaserne in Heilbronn
19.10.1940 bis ca. 08.12.1940	Einsatz an der Demarkationslinie in Thaon im besetzten Frankreich
08.12.1940 bis 14.09.1941	Einsatz an der Demarkationslinie in Moulins im besetzten Frankreich
27.08.1941 bis 11.09.1941	Sportlehrgang in Fontainebleau (Frankreich)
15.09.1941 bis 15.11.1941	Dorf, 27 km von Moulins entfernt (Frankreich)
29.09.1941 bis	Truppenübungsplatz im Französischen Jura:

ca. 29.10.1941	Übung
16.11.1941 bis 26.11.1941	Truppentransport durch Deutschland, Litauen Lettland, Estland nach Russland
26.11.1941 bis Anfang Januar 1942	Artilleriegruppe in Abwehrstellung südlich von Leningrad in Rußland, Verwundung, Feldlazarett
04.01.1942 bis Mitte Januar 1942	Lazarett in Bad Doberan
Januar bis 06.04.1942	Ludendorffkaserne in Heilbronn
07.04.1942 bis 13.04.1942	Paris, Versetzung nach Frankreich
14.04.1942 bis 18.04.1942	In der Nähe von Bordeaux, Grenz-Infanterie-Regiment 129
18.04.1941 - Ende Mai 1941	Südlicher Abt. Adjutant, I. Abteilung **Artillerie-Regiment 376**
Ende Mai bis 04.06.1942	Truppentransport durch Frankreich, Deutschland, Tschechien, Polen und die Ukraine nach Charkow
04.6.1942 bis November 1942	Südabschnitt der Ostfront, Heeresgruppe Süd, Sicherung der 6. Armee
November 1942	Verteidigung in einem Kessel am Don
22.11.1942 bis 31.12.1942	Kampf, Einkesselung
Januar 1942 bis April 1942	Gefangennahme und Aufenthalt im Kriegsgefangenlager Jelabuga
07.04.1943	Tod im Kriegsgefangenlager Jelabuga

Danksagung

Danken möchte ich daher Eike Bremerstein, die den Kontakt zum Jelabugaer Museum hergestellt hat. Evgenia, die im Jelabugaer Museum arbeitet und die mir Bilder von Jelabuga gemailt. Sie hat mich dadurch zum Besuch nach Jelabuga ermuntert hat.

Dem Volksbund, der die Reise in den Westen von Russland anbot, nach deren Ende mein Vater und ich nach Tatarstan geflogen sind.

Meinem Vater, mit dem ich in Russland und in Tatarstan war und natürlich unserer Fremdenführerin Leysan, die uns einen Tag begleitete, uns die Besichtigung der Lager ermöglichte und uns das Grab meines Großonkels zeigen konnte.

Für die Hilfe bei der Erstellung des Buches bedanke ich mich bei meinem Vater und Rudi Weber, die mir bei einigen Wörtern übersetzungstechnisch helfen konnten.

Korrekturgelesen hat das Buch Annette Clauß. Dafür auch vielen Dank.

Anmerkungen

1 Frankreich und Großbritannien erklärten dem Deutschen Reich am 3.9.1939 den Krieg ohne aber militärisch einzugreifen.

2 Édouard Daladier war französischer Premierminister. Nach Hitlers Überfall auf Polen erklärte Daladier gemäß der britisch-französischen Garantieerklärung gegenüber Polen dem Deutschen Reich den Krieg, den er eigentlich vermeiden wollte.

3 Arthur Chamberlain war britischer Premierminister und war durch seine Appeasement-Politik maßgeblich am Münchner Abkommen zur Eingliederung des Sudetenlandes ins Deutsch Reich beteiligt.

4 Die Artillerie-Ersatz-Abteilung 215 wurde am 26. August 1939 als leichte Artillerie-Ersatz-Abteilung in Heilbronn, im Wehrkreis V, aufgestellt und der Division 165 unterstellt. Am 8. November 1939 wurde die Abteilung in das Protektorat Böhmen und Mähren nach Olmütz verlegt (Lexikon der Wehrmacht).

5 Die Karte liegt nicht vor.

6 Der Westfeldzug gegen die Beneluxländer und Frankreich beginnt am 10.5.1940. Die Deutsche Wehrmacht stößt durch die Ardennen nach Westen vor und erreicht am 12.5. bereits die Maas bei Sedan. Die Kapitulation der Niederlande erfolgte am 14.5.

7 Der Berg Donon liegt im Elsaß.

8 Abkürzung für Offiziersanwärter

9 Also vom 27. auf den 28. August. Aber erst in der Nacht vom 16. auf den 17. Dezember gab es den ersten Luftangriff auf Heilbronn.

10 Filmstart war am 13.08.1940.

11 In der Nähe von Lauffen am Neckar lag „Brasilien". Dies war der Tarnname einer Attrappe des Stuttgarter Hauptbahnhofs, die als Scheinanlage Luftangriffe der Alliierten auf sich ziehen sollte.

12 Abkürzung für Ortsunterkunft, da der eigentliche Ortsname nicht genannt werden sollte.

13 Feldpostnummer der 4. Batterie des Artillerie-Regiment 215 (Lexikon der Wehrmacht)

14 Trockenübungen mit dem Geschütz z.B. Flugabwehr

15 Der deutsche General Rommel bekam im Februar den Befehl mit dem Afrikakorps den erfolglosen Bündnispartner Italien bei dessen Verteidigung in Nordafrika zu unterstützen. Am 27. März tritt Jugoslawien dem Dreimächtepakt bei.

16 Feldpostnummer Stab II Abteilung des Artillerie-Regiment 215 (Lexikon der Wehrmacht)

17 Die Bismarck war ein Schlachtschiff der deutschen Kriegsmarine und bildete mit ihrem Schwesterschiff Tirpitz die Bismarck-Klasse. Bei der Indienststellung im August 1940 unter dem Kommando von Kapitän zur See Ernst Lindemann galt sie als das weltweit größte und kampfstärkste Schlachtschiff. Im Mai 1941 wurde die Bismarck zusammen mit dem Schweren Kreuzer Prinz Eugen in den Nordatlantik geschickt, um dort Handelskrieg zu führen. Bald nach dem

Beginn dieser Mission gelang ihr in der Dänemarkstraße die Versenkung des britischen Schlachtkreuzers HMS Hood. Kurze Zeit darauf sank sie selbst nach einem schweren Gefecht mit Einheiten der britischen Royal Navy mit dem Großteil ihrer Besatzung im Nordatlantik.

18 Generaloberst Blaskowitz war Oberbefehlshaber der Besatzungstruppen in Frankreich. Er hieß aber nicht „von".

19 Die Stalin-Linie war eine Verteidigungslinie, die ab 1929 an den Westgrenzen der damaligen UdSSR errichtet wurde. Sie bestand aus einer Vielzahl von Betonbunkern, welche über leichte sowie schwere Bewaffnung verfügten. Sie erstreckte sich über die gesamte Westgrenze von der Ostsee bis zum Schwarzen Meer. Sie verlief von Narwa und Pskow über Witebsk, Mogilew, Gomel und Schitomir sowie entlang des Dnjestr bis Odessa.

20 Feldpostnummer des Stab I. Abteilung des Artillerieregiments 215

21 Hier fehlt an der Ecke ein Stück, daher die Leerstellen, mit vermutetem Wortlaut.

22 Tichwin wurde im November 1941 von Heeresgruppe Nord erobert, musste aber nach einem Monat wieder geräumt werden, da die sowjetischen Gegenangriffe zu stark waren. Tichwin markierte den weitesten Vorstoß der Heeresgruppe Nord im Verlauf des gesamten Krieges.

23 Der Ilmensee ist ein See in Nordwestrussland südlich von Leningrad dem heutigen Sankt Peters-

burg. Am nördlichen Ufer liegt die Stadt Nowgorod. Südöstlich des Ilmensees waren im Kessel von Demjansk seit Anfang 1942 etwa 100.000 deutsche Soldaten fast ein Jahr lang von der Roten Armee eingeschlossen. Die erfolgreiche Versorgung und der Entsatz der Truppen aus dem Kessel von Demjansk waren sicherlich mit eine Ursache für die Fehleinschätzung in der Frage der Versorgung und Entsetzung der Truppen im Kessel von Stalingrad.

24 Panje: Polnischer oder russischer Bauer

25 Rata: Ratte. Die Polikarpow I-16 war ein einmotoriges einsitziges Jagdflugzeug der Sowjetunion.

26 Die Stadt Nowgorod liegt am nördlichen Ufer des Ilmensees.

27 Pskow: Pleskau. Die Stadt Pleskau liegt südlich von Sankt Petersburg nahe der Grenze zu Estland.

28 Feldpostnummer des Feldlazaretts 510 laut www.axishistory.com.

29 Der Peipussee liegt nördlich von Pleskau und liegt genau auf der Grenze von Estland und Russland.

30 Die Adresse des Lazaretts lautete Stahlbad. Stahlbad ist ein von 1822 bis 1825 im Stil des Klassizismus errichtetes Gebäude in Bad Doberan in Mecklenburg-Vorpommern.

31 Die von Willi Layer im Absenderfeld eingetragene Feldpostnummer 03840 ist die Nummer des Infanterie-Regiments 26 Flensburg.

32 Mit Bleistift von Heinz unterstrichen. Darunter steht in deutscher Kinderschrift "Fehler" da man Gretel ohne h schreibt.

33 Feldpostnummer des Stab I. Abteilung des Artillerie-Regiments 376. Das Regiment wurde nach der Aufstellung der 376. Infanterie-Division unterstellt.

34 Die 376. Infanterie-Division wurde im März 1942 in Angouleme (Frankreich) aufgestellt. Im Juni 1942 wurde sie an die Ostfront zur Heeresgruppe Süd verlegt und kämpfte bei Charkow. Im August marschierte sie vom Donbogen bis nach Stalingrad. Sie kapitulierte mit der 6. Armee im Kessel von Stalingrad am 31.1.1943.

35 Abkürzung für Leutnant der Reserve, eigentlich L.d.R.

36 Soldatensender

37 Abkürzung für Protzenstellung. Die Protzen-stellung dient zur gedeckten Unterbringung der Zug- und Versorgungsfahrzeuge oder -Pferde, des Batterie-trosses und dem Aufbau der Feldküche.

38 Wybert ist eine Halspastillenmarke.

39 Ich gehe davon aus, dass es sich um Willi Lehmann handelt. Willi Lehmann war bei der Gestapo, später bei der SS und ab 1929 Topspion für die Sowjetunion. Frühestens im Oktober 1942 wurde Lehmann enttarnt. Dies wiederum spricht nicht dafür, dass es sich um Willi Lehmann handelt.

40 An der 2. Seite des Briefes fehlt oben in der Ecke ein Stück. Alle folgenden Fehlstellen in diesem Brief sind durch eckige Klammern gekennzeichnet.

41 Bruno Chrobek (9.10.1895-10.12.1942), Infanterieregiment 672, wurde posthum zum Generalmajor befördert.

42 Das Unternehmen Wintergewitter, der Entsatzversuch für die eingeschlossene Armee in Stalingrad, begann am 12.12.1942 unter der Führung von Erich von Manstein und Hermann Hoth, musste aber dann nach 10 Tagen erfolglos abgebrochen werden.

* Das ganze Wort konnte ich nicht lesen sondern nur einzelne Buchstaben.

Briefe vom Bruder Oskar Layer an die Eltern

Feldpost No 03837B

Im Osten, den 12. März 1942[1].

Liebe Eltern!

Euren schicksalsschweren Brief habe ich über Willi habe ich erhalten und danke Euch hierfür.

Es war eine Fügung, dass Willi bei Stalingrad mit dabei sein musste. Hätte ich es früher gewusst, dann hätte ich schon im Dezember sagen können, dass es eine Rettung für Willi nicht mehr geben konnte. Wie es kam und warum die Stalinkämpfer den Opfergang für Deutschland, für die Heimat und für Euch liebe Eltern antreten mussten, kann ich hier nicht schreiben. Das einmal mündlich wenn ich in Urlaub komme. Liebe Eltern tragt die Schwere mit einem starken Herzen und tröstet Euch mit den vielen anderen Hinterbliebenen u. Eltern, denen daselbe Los beschieden ist. Der Kampf den wir kämpfen müssen geht auf Leben und Tod. Wir dürfen deshalb den Krieg niemals verlieren. Wir können und müssen diesen gewinnen. Sonst können wir uns alle am nächsten Baum aufhängen. Das Opfer der Stalingradkämpfer ist ein Garant des Sieges. Hätten

---

[1] Schreibfehler. 1943 ist gemeint.

sie es nicht gebracht, wer weiss wie die Front im Osten heute aussehen würde. Darüber werde ich mich im Urlaub mit Euch unterhalten, dann werdet Ihr liebe Eltern alles verstehen. Dich liebe Mutter bitte ich besonders, kräme Dich nicht zu stark, da Du es sowieso mit dem Herzen zu tun hast. Von Ludwig habe ich über Willi auch einen Brief erhalten, auch von Gertrud.

Also liebe Mutter rege Dich nicht so stark auf. Nicht dass Du noch aus lauter Kram u. Schmerz selbst krank wirst. Ich will, dass Du gesund bleibst ebenfalls Vater, damit ich wenn ich einmal für immer nach Hause komme noch liebe Eltern habe und mit Euch noch schöne Stunden verleben kann. Deshalb bitte ich Euch tut alles, was Eure Gesundheit dienlich ist und scheut kein Geld hierfür.

Willi soll stets in unserem Herzen bleiben. Ich selbst werde ihm einmal in meiner Wohnung ein Denkmal setzen. Mutter ich glaube nicht, dass Willi mit seinen Kameraden in die Gefangenschaft gegangen sind. Sollte er gefallen sein, so wird trotzdem nur eine Vermisstenanzeige kommen, denn es bestand keine Kontrolle mehr, wer gefallen ist und wer nicht, da die Truppen eingeschlossen waren. Es werden deshalb an sämtliche Hinterbliebenen Vermisstenanzeigen ergehen, ob sie gefallen sind oder ob sie in Gefangenschaft gingen.

Mir selbst geht es z. Zt. gut. Ich bin nun Kraftfahrer und es gefällt mir. Seit ein paar Tagen sind wir wieder eingesetzt und zwar im Raume zwischen

Orel u. Kursk. Zu essen haben wir auch genügend, da wir wieder im Angriff sind und deshalb wieder Kühe u. Schweine von uns geschlachtet wurden. Anbei schicke ich Euch die Uhr, welche kaput gegangen ist. Dann sende ich Euch einen Film und lasst je 1 Bild machen Grösse 6 x 9 cm und schickt mir die Bilder hierher. Ferner könnt Ihr mir eine andere Uhr senden und einen neuen Film 24 x 36 mm 21/10 Din für Leica. Herzl. Grüsse und alles Gute

Euer Oskar.

Im Osten, den 20. III 43.

Liebe Eltern!

Euren Brief vom 5. d. Mts. habe ich erhalten. Auch die Briefe über Willi an die alte Nummer erhielt ich.

Über Willi's Schicksal war ich schon lange vorbereitet, nachdem ich wusste dass er bei Stalingrad ist. Für mich kam es nicht überraschend, hatte aber auch immer noch die Hoffnung, er kommt noch durch, was nun leider nicht eingetroffen ist. Es ist wirklich ein schwerer Schlag für uns, und ich kann mir denken wie das Euch liebe Eltern getroffen hat.

Das Wehrmeldeamt kann auch nicht feststellen ob Willi gefallen oder vermisst ist. Denn die waren ja eingeschlossen und es konnte deshalb auch nicht festgestellt werden wer gefallen ist und wer nicht. Auch hatte die Truppe durch die schweren Kämpfe auch gar keine Zeit dazu dies festzustellen. Willi hat auch mir gesagt, in die Gefangenschaft geht er nicht, er würde seinem Leben dann selbst ein Ende machen, wenn es einmal soweit kommen würde. Falls Willi nicht gefallen ist, glaube ich hat das getan, zumal er Adjutant und bei einem Major war. Die haben bestimmt die Ehre des Offiziers durch Selbsttod gerettet.

Vor einigen Tagen kam ein deutscher Feldwebel von den Russen zu uns herüber, der auch in Stalingrad gefangen wurde. Er musste kurz hinter der Front schanzen und ist dabei durch die Latten. So was nennt man Glück.

Liebe Eltern es gibt wahrscheins in der nächsten Zeit Urlaub wie man hört und da sollen diejenigen, die 12 Monate lang nicht mehr in Urlaub waren, zuerst dran kommen. Das ist bei mir der Fall. Hoffentlich geht der Urlaub wieder auf dann kann ich ja auch kommen und dann können wir miteinander reden.

Am 1. April kann man ich wieder Kilo-Päckchen schicken. In einem Brief könnt Ihr auch 1 Schachtel Zigaretten tun, wenn Ihre so viele habt.

Vor einigen Tagen habe ich ein Päckchen abgeschickt mit meiner[2]

---

[2] Die anschließende Seite des Briefes ist nicht erhalten.